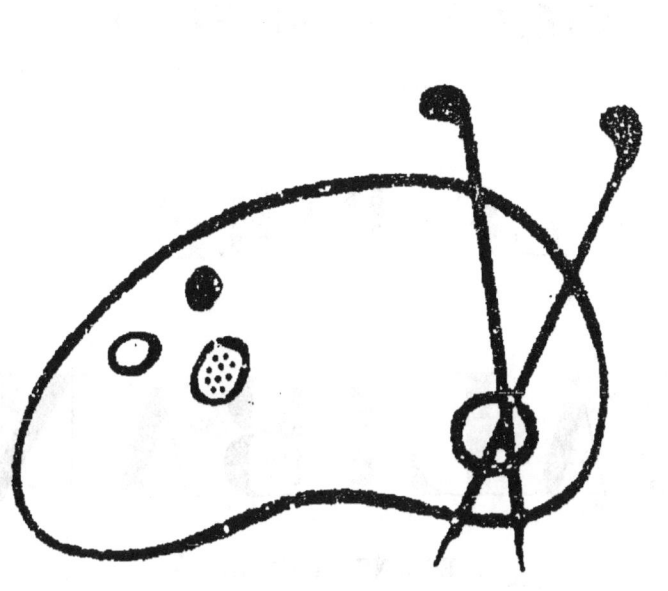

Couvertures supérieure et inférieure en couleur

ÉMILE BERGERAT

LE RIRE
DE
CALIBAN

AVEC UNE PRÉFACE
PAR
ALPHONSE DAUDET

PARIS
G. CHARPENTIER ET Cⁱᵉ, ÉDITEURS
11, RUE DE GRENELLE, 11

1890

Extrait du Catalogue de la BIBLIOTHÈQUE-CHARPENTIER
à 3 fr. 50 le volume

ŒUVRES DE ALPHONSE DAUDET

LES AMOUREUSES. Poèmes et Fantaisies, 1857-1861 (La double conversion. — Les aventures d'un Papillon et d'une Bête à Bon Dieu. — Le roman du Chaperon-Rouge. — Les âmes du Paradis. — L'amour trompette. — Les rossignols du cimetière).................... 1 vol.
LE PETIT CHOSE.. 1 vol.
LETTRES DE MON MOULIN.. 1 vol.
FROMONT JEUNE ET RISLER AÎNÉ, mœurs parisiennes, ouvrage couronné par l'Académie française.................... 1 vol.
CONTES DU LUNDI... 1 vol.
LE NABAB, mœurs parisiennes avec une DÉCLARATION de l'auteur 1 vol.
NUMA ROUMESTAN... 1 vol.
SAPHO, mœurs parisiennes.. 1 vol.
THÉÂTRE. — L'Arlésienne. — Les Absents. — L'Œillet blanc. — Le Sacrifice. — La Dernière idole. — Lise Tavernier. — Le Frère aîné. 1 vol.

PETITE BIBLIOTHÈQUE-CHARPENTIER
Format petit in-32, de poche, à 4 fr. le volume
Chaque volume orné de deux ou plusieurs eaux-fortes par les principaux artistes

Reliure pleine, veau grenat, poli, tranches dorées......... 8 »
— 1/2 cuir de Russie ou maroquin, coins, tête dorée.. 7 »
— 1/2 veau, tranches dorées............................ 6 50
CONTES CHOISIS. — Avec deux eaux-fortes d'Edmond Morin. 1 vol.

FROMONT JEUNE ET RISLER AINE. Un volume in-8 colombier, illustré par Éd. Morin. Prix broché.................... 6 fr.
Cartonnage anglais, doré sur tranches..................... 9 fr.
Relié demi-chagrin, doré sur tranches...................... 11 fr.

Imprimeries réunies, A, rue Mignon, 2, Paris. — 774.

8° Z
11942

a

LE RIRE DE CALIBAN

ÉMILE COLIN — IMPRIMERIE DE LAGNY

ÉMILE BERGERAT

LE RIRE
DE
CALIBAN

AVEC UNE PRÉFACE

PAR

ALPHONSE DAUDET

PARIS

G. CHARPENTIER ET Cⁱᵉ, ÉDITEURS

11, RUE DE GRENELLE, 11

Tous droits réservés

PRÉFACE

Les pseudonymes littéraires d'Emile Bergerat sont innombrables. Il en compte presque autant que le personnage de Fenimore, ce délicieux « Bas-de-Cuir » de nos lectures de jeunesse, lequel s'appelait tour à tour Œil de Faucon, la Longue Carabine, l'Eclaireur, le Tueur de Daims, le Chercheur de Pistes, selon les romans et les paysages qu'il traversait, mais, sitôt en scène, trahissait son incognito par une façon très à lui d'épauler, de tirer, et le large rire silencieux dont s'accompagnait la détonation de son rifle. Bergerat pareillement, affublé de n'importe quelle signature, se reconnaît tout de suite au départ de sa phrase endiablée et précise, à la qualité très spéciale de son rire moins silencieux que celui de Bas-de-Cuir ; et l'on se demande à quoi lui servent tant de pseudonymes puisque tout ce qu'il écrit est inexorablement signé de son vrai nom.

Je me rappelle qu'un jour, — il y a pas mal d'années de cela, longtemps avant que la renommée nimbât de la moindre dorure le front insoucieux de Caliban, — un directeur de journal, grand lanceur d'hommes et d'affaires, mais hermétiquement fermé à toute littérature, comme il arrive quelquefois, me parlait avec enthousiasme d'un chroniqueur mystérieux qui venait de débuter chez lui par un chef-d'œuvre, dont l'anonymat très scrupuleusement gardé intriguait toutes les terrasses des cafés de lettres, de Tortoni jusqu'à la Madeleine. Je demandai à voir le chef-d'œuvre. A la seconde ligne, j'étais renseigné. Un bijou, certes, une merveille d'esprit et de tour-de-main ; mais de mystère, pas le moindre.

J'avais reconnu et pouvais nommer l'auteur. Mon directeur sourit de haut :

« Je vous en défie.

— Emile Bergerat. »

Sa stupéfaction fut si énorme qu'il n'essaya pas de nier.

— « Qui vous l'a dit ?

— Lui-même. »

Et je m'ingéniai à lui faire comprendre que tout écrivain, vraiment digne de ce nom, a sa marque de fabrique à laquelle on ne saurait se tromper, une façon toute personnelle de poinçonner la phrase, ce que dans les bureaux on appelle « la griffe », et qui est la prérogative de quelques très hauts mandarins. Bergerat avait la griffe, c'est pourquoi je le reconnaissais si aisément.

« Voilà, monsieur, une chose extraordinaire... », murmurait mon marchand de papier, trop bien élevé pour ne pas faire semblant de me croire, mais me suppliant tout de même au départ de ne livrer à personne le vrai nom de son chroniqueur masqué.

Cette incrédulité n'était pas pour me surprendre. C'est en effet une chose si singulière, si mystérieuse que le style, ou plutôt cette personnalité de l'expression, qui n'est peut-être pas tout le métier, mais ce qu'il a de rare et d'inassimilable, ce qui ne se donne pas, ne s'enseigne pas, ne s'acquiert par aucun effort, ne se trouve absolument pas dans le commerce, ce qui enfin sur l'insignifiant passeport de l'homme de lettres peut compter pour le signe particulier.

Bien écrire, tous nos jeune-France s'en chargent. Les petits de Paris surtout, infiltrés d'art dès le bas âge, happant de la littérature dans l'air, par-dessus les murs du lycée, ont vite le doigté du style, tous les tours et bistours, toutes les complications de la phrase moderne ; mais, si raffinées que soient les œuvres de cette Jeunesse qui nous talonne, combien il en est peu de personnelles. Il est vrai qu'elle pourrait en dire autant de ses doyens. Ah! mes amis, un style à soi, une phrase à soi! Quel est l'écrivain qui n'a pas fait ce rêve, comme le vieil acteur celui d'une maison de campagne toute blanche avec des volets verts, les pieds dans la rivière et pas trop loin de son théâtre.

Et c'est là, dans cette ambition d'une forme individuelle, qu'il faut chercher le secret de tant de livres biscornus, d'œuvres inintelligibles où de pauvres diables s'enferment, se mettent volontairement à la torture, produisant comme une « littérature de sourd » qui semble avoir perdu le diapason humain.

Le public n'y comprend rien et se moque ; mais ceux-là ne rient pas qui savent quel effroyable supplice c'est de sentir vivement, originalement peut-être et de ne pas pouvoir s'exprimer, d'user ses forces, de casser ses ongles contre une porte fermée qui s'ouvre au contraire, sans résistance et dès la première poussée, pour les heureux, les doués, les écrivains de naissance et de race.

Émile Bergerat est au nombre de ces privilégiés. Jeune encore, les critiques d'art qu'il écrivait au Journal officiel contenaient des pages d'une maîtrise souveraine, et dans sa phrase éclatante et solide la note d'humour perçait déjà, autant du moins que l'austérité de la maison le permettait. Depuis, cette note originale est allée s'accentuant en d'innombrables chroniques publiées un peu partout, au Gil Blas, au Voltaire, au Figaro, puis colligées en de précieux volumes qui ont leur place marquée dans nos bibliothèques, au rayon de Rabelais, de Swift, de Vallès, de Lucien. De grands noms certainement ; mais ne vous y trompez pas, Bergerat est de la famille. Il a, comme ces glorieux railleurs, le sens du ridicule et du fantasque, la haine du solennel inutile, du mensonge et de l'injustice. Sa vision, qui est d'un poète et d'un observateur, s'applique à tout, et, servie par une mémoire prodigieuse, trouve de ces liaisons imprévues et cocasses, à dérider les lecteurs les plus moroses.

Oui, du Swift moins bilieux, du Vallès moins rancunier, c'est à peu près cela l'ironie de Caliban. Et pour l'irrévérence et l'esprit, Lucien n'a rien à lui apprendre. Lisez la pleurnicheuse descente de Socrate aux enfers, ou le dialogue d'Annibal et d'Alexandre, l'attrapage par ces grossiers et vaniteux soudards du tribunal d'Éaque, Minos et Rhadamante, vous y retrouverez votre Bergerat, gamin, tutoyeur, effronté, irrespectueux avec délices des dieux, des autels, des socles, des estrades, aussi bien que des académies, des écoles et en général de tous les corps constitués. Oh ! l'école surtout, et n'importe laquelle, idéaliste, naturaliste, symboliste, vériste, intuitiviste, il faut entendre comme il en parle ! Pour lui toutes se valent et le soulèvent de la même horreur. C'est si bête et si opprimant l'école, quand on a l'âge d'homme et de créateur; c'est tellement la mort de toute spontanéité, de toute individualité du talent. Sans compter que chaque nouvelle école qui surgit nous amène une contre-école encore plus

b

dogmatique et tyrannique, et que si la férule du normalien est odieuse, ce que j'appelle le « normalien d'en face, » pédant de brasserie, doctrinaire à l'envers, n'est pas régalant davantage.

Toutefois cette haine des coteries, cet accent de révolte et d'indépendance, particulier à l'œuvre de Bergerat, n'en altère pas un instant la belle humeur. Son rire reste bon enfant, sans aigreur ni méchanceté, de même qu'au milieu des plus débridées fantaisies, des arabesques les plus folles, sa phrase garde une tournure, une distinction littéraire. Là est la caractéristique de son talent.

Quand on dit aux enfants habillés de neuf pour quelque visite : « Amusez-vous, mais ne vous salissez pas », vous pouvez être sûrs que ces enfants n'oseront plus bouger et ne s'amuseront pas, dans la crainte de gâter leurs beaux habits.

Il en va de même le plus souvent pour l'écrivain. Le style est comme un endimanchement intellectuel qui lui interdit des amusements trop vifs, les gaietés et les turbulences.

Le grand poète moderne n'a-t-il pas formulé ainsi la suprême beauté artistique :

> Je hais le mouvement qui dérange les lignes
> Et jamais je ne pleure et jamais je ne ris.

Hé bien, voyez le miracle ! Chez ce Bergerat qui s'esclaffe tout le temps, qui se diversifie de ses sinistres contemporains en ce qu'il prend toute chose joyeusement, avec un énorme rire à la Panurge et les gambades effrontées du satyre de Gœthe polissonnant dans les endroits les plus sacrés, la page reste éloquente et super-artiste ; et ce sera sa gloire, à cet ironiste étincelant, d'avoir accouplé si heureusement le rire et la littérature qui d'ordinaire font mauvais ménage.

ALPHONSE DAUDET.

CALIBAN A L'EXPOSITION

L'OUVRIER DE PARIS

L'actualité luit du Champ de Mars. Tout événement européen, que dis-je? boulevardier, s'éclipse dans le rayonnement de cette fabuleuse Babylone de fonte, de cristal et de faïence, surgie au bord de la Seine sous la baguette d'un magicien enthousiaste. Chroniquer d'autre chose en ce moment que de l'Exposition-Revanche, ce serait perdre son temps et son encre.

Des politiciens plus experts que l'humble Caliban, et de meilleurs augures évalueront la portée historique de son succès immense. Ils prédiront si la tour Piranésienne d'Eiffel est le phare de la paix universelle tant invoquée par ce siècle harassé, ou si son paratonnerre doit encore une fois attirer la foudre sur la France. Quoi qu'il en advienne, notre seule Galerie des Machines fait au chancelier de fer une « chancelière » à sa mesure et de son métal. Si il était crâne, il viendrait l'essayer, au lieu de faire dire à ses Allemands que Paris assassine ses hôtes. On voit qu'il ne lit plus Henri Heine.

Dussé-je y perdre mon renom de railleur, j'avoue mon emballement naïf pour le prodigieux palais féerique que la Patrie, en plein orage social, élève à l'art, à la science et au travail. Remué, je le suis encore. Si le plan des architectes fut de réunir en un seul lieu les Sept Merveilles du monde, ça y est ! Les poètes ont de quoi chanter, et sur les sept cordes de la lyre ! Quel dommage que le père Hugo ne soit pas allé jusqu'au centenaire de cette Révolution dont il fut le barde ! Lui seul pouvait écrire le prologue d'ouverture de ce drame grandiose, que tout un peuple va jouer pendant six mois et qui commence avec les lilas. Il avait l'âme de ces choses.

Mais s'il est bon de jouir ingénument des spectacles admirables, il ne faut jamais se démunir du droit d'en raisonner. Ce droit, d'ailleurs, est un surcroît de plaisir. Or, tandis que je promenais mes émerveillements par les méandres de la Cité Bleue, une question, telle qu'on la pose au catéchisme sur les phénomènes de la création, me vint : Qui a fait tout cela ?

Et une seule voix d'acclamation me répondit :
— C'est l'ouvrier de Paris.

Eh bien oui, ce rêve enchanté conçu par les sorciers du génie moderne, cette apparition de paradis modelé dans l'azur, cette Cité Bleue, brodée d'ors, de marbres, de cristaux et d'émaux, ce château du vent en filigrane, aérien, délicieux, frais aux yeux, dans ses tonalités amorties, où tous les ciels accordent leurs flores, opposent leurs arts et mêlent leurs idéals pour une lice de joie qui sera peut-être la dernière du siècle, qui a exécuté et réalisé tout cela ? C'est lui. Lui, l'anarchiste des clubs, le gouapeur timbré et rigolo, que les zincs saturent d'alcool et de politique frelatés, l'ouvrier parisien, « l'ouverier » ; — c'est Coupeau, que dis-je ? c'est Lantier ! Miséricorde, qu'est-ce que c'est que ce citoyen-là ?

Observez qu'il n'y a pas à en douter une minute. Architectes, ingénieurs, entrepreneurs, tous les patrons sont unanimes à le reconnaître. L'Exposition universelle de 1889 est l'œuvre de l'ouvrier de Paris. C'est lui qui a tout fait, « et comme toujours ! » ajoutent-ils avec ce haussement d'épaules dont le sous-entendu narquois exprime tant d'orgueil national.

1.

Ils ne disent pas « l'ouvrier français », ils disent : de Paris, car ce n'est pas la même chose, paraît-il. Le Limousin, l'Auvergnat, le Breton, le Normand sont de bons ouvriers, certes ! fort demandés pour les entreprises ordinaires, où il n'y a qu'à remplir sa tâche. Mais pour les coups de chien, les tours de force, les improvisations à échéance fixe, la « belle ouvrage ! » « celle » où le cerveau fournit l'huile de bras, le Parisien vaut vingt Limousins, qui valent cent Belges. Quand la Ville Lumière veut « épater » le monde et réaliser, contre l'espace et le temps, une de ses grandes turlutaines babyloniennes, elle s'en va recruter chez les mannezingues ; c'est là que sont les travailleurs d'impossible.

Ah ! si un autre Curmer entreprenait une série nouvelle des Français peints par eux-mêmes, comme je lui retiendrais la monographie de l'ouvrier parisien ! Car je les connais bien, je suis de la ville. Autant de poil dans la main que de génie ! Des singes vicieux et bons zigues, qui en savent plus long dès qu'ils veulent bien y penser, que les patrons et les inventeurs mêmes, mais qui ne travaillent que pour la gloire. La tour Eiffel ne serait pas encore finie, je vous en réponds, si l'ingénieur n'avait pas eu l'idée de promettre à ses « collaborateurs » d'inscrire leurs noms sur le bronze immortel du monument. Quand on les prend par là, ils sont pincés les « collaborateurs ! » Ils collaborent et ils font tout, comme toujours. Ce n'est pas pour rien, en effet, que l'on a passé son enfance à déchiffrer sur l'Arc de Triomphe les listes lapidaires des illustres inconnus de l'Epopée impériale. On veut soi aussi avoir été quelqu'un dans quelque chose. Un malin, cet Eiffel, et qui a compris l'ouvrier de Paris.

L'ouvrier de Paris est peut-être le type le plus original de notre race absurde et extraordinaire. Aucune capitale d'aucun peuple n'offre son pendant à l'étude des sociologues. Il ne doit rien à la nature, oh ! rien du tout, et il est une pure fleur des boues de Lutèce. Soit qu'il y soit né, soit qu'il y soit venu d'ailleurs, je vois en lui l'expression absolue de cette philosophie cabotine qui régit les mœurs de la ville. Comme la messe fait les moines, le théâtre fait ce théâtral, l'imbibe de son fatalisme et l'anime de cet épouvantable besoin de gloriole qui est l'esprit de son culte. Etre, ici, c'est paraître, et le seul agent d'action est la vanité. Mais c'est le levier d'Archimède. Pour être imprimé vif dans son journal, l'ouvrier parisien est capable de tout, dans le bien même.

Quant à l'intelligence, voici. Le tempérament synthétique, qui est celui de la race, et grâce auquel le Gallo-Romain embrasse d'un coup d'œil, et dès l'âge de raison, les causes des choses, les mobiles des hommes, et jusqu'à sa propre destinée historique, dote l'ouvrier de Paris de toutes les aptitudes exceptionnelles qui sont nécessaires pour vivre dans un foyer tel que notre ville dont l'incandescence est l'état permanent. Pour durer dans cet Etna, fût-ce une heure, il faut être vulcanisé. Il l'est. En naissant ou en touchant le sol, il sait tout et devine le reste. Il a absorbé d'une haleine les sciences, les arts, les découvertes, les croyances et les chimères des trois millions de rêveurs centralisés ; il a pris leur folie. Un Parisien contient tout Paris. Il opère le travail de Cuvier sur tout problème d'intelligence ou de force, et, pour une esquille d'os, il reconstitue les mastodontes sociaux. Mais comment expliquer ce phénomène à ceux qui croient aux effets gradués et graduels de l'instruction obligatoire ? L'instruction n'est que l'analyse ; l'ouvrier de Paris possède la synthèse instinctive.

Il en résulte qu'entre le bourgeois et l'artisan une classe nouvelle, singulière et propre à Paris s'est entée, flottante d'ailleurs et rebelle, dont on peut tout attendre, et hélas ! aussi tout redouter, semi-instruite, semi-artiste, semi-penseuse, plus dégagée de la routine que la bourgeoisie patronne et plus intelligente que le reste de la plèbe, mais qui ne sort de sa paresse que les dimanches et fêtes pour les chefs-d'œuvre et les pièces qu'on signe. L'ouvrier de Paris est une sorte de Titan en chômage qui ne prend pas l'outil pour des besognes obscures ; mais s'il s'agit d'escalader le ciel ou de le revisser, il saisit n'importe lequel, car il les manie tous et il se suspend à l'espace, une cigarette au bec, et il reforge les étoiles.

Cette espèce de Légion sacrée du peuple a pour prototype de son aristocratie le contremaître, et, en province, on définit ceux qui font partie de son élite du sobriquet significatif de « l'artisse. » Eh bien ! vous répété-je, l'Exposition universelle est son ouvrage.

Alors quoi ? C'est donc le suffrage universel qui aurait raison. Demandez-vous en sortant de la Cité Bleue si des hommes capables de réaliser une pareille fantasmagorie, dont rien n'approche, n'ont pas le droit eux aussi, autant qu'un Lamartine, de déposer leurs bulletins dans l'urne — et tremblez !

LE DIORAMA ANTHROPOLOGIQUE

Le célèbre anthropologue et philosophe illustre dans les six mondes, — car il y en a six depuis M. Pailleron, — le docteur Nicolhson, qu'il ne faut pas confondre avec le docteur Nicholson, ni même avec le docteur Nikolsohn, car son H est après, comme dans Sarah Bernhardt, vient enfin d'ouvrir à l'Exposition Universelle son admirable « Diorama de l'Homme Moderne » dont l'entrée est de trente centimes et donne droit aux œuvres complètes de l'auteur, — plus un bock.

J'en sors. C'est la merveille du Champ de Mars, et le bock à lui seul vaut les six sous.

L'idée de ce Diorama est bien ingénieuse, puissamment philosophique et anthropologique comme cent mille hommes. Quand on l'a eue, on peut mettre l'H de son nom où l'on veut, avant ou après, l'élider, l'aspirer et l'imposer aux six mondes; on est le docteur Nicolhson, celui qu'il ne faut pas confondre!.. Car cette idée consiste à nous montrer où nous en sommes de la civilisation, en 1889, cent ans après la prise éternelle de la Bastille.

Le diorama de l'Homme moderne est divisé fort méthodiquement en six tableaux mobiles, et assez semblables aux horloges suisses, où l'on voit, par un trou, ledit Homme moderne fonctionner et vivre, que dis-je, être heureux à l'œil nu! Car tel est le but, n'est-ce pas, et c'est pour cela qu'on a pris la Bastille!...

D'abord il naît. Il naît, l'homme moderne, dans le chloroforme et les fers, et comme arraché au néant par la chirurgie. On devine à sa résistance qu'il sait la santé qu'il aura et les maux sans nombre dont il hérite avec le sang brûlé d'un père alcoolique, nicotinisé, congelé par les débauches. Huit fois sur dix, il tue sa mère, à cause du corset qui la moula à l'image des guêpes. Mais n'importe, il est né, le voilà. Et il tette! Qu'est-ce qu'il tette ? Le docteur Nicolhson donne l'analyse. Si c'est de l'eau, sa mère l'allaite. Autrement, ce sont des nourrices, sortes de courtisanes de la maternité, qui ne passent même pas à la visite du Laboratoire municipal. Dès ce moment il est dirigé sur la mort, par tous les moyens dont une société bien faite dispose.

Elle les sépare d'abord, cette société délicieuse, en deux groupes, les survivants de la naissance ! Le premier groupe comprend ceux qui avaient le droit de naître, et le second, ceux qui l'ont pris sans le demander. Car moins il naît d'hommes à la vieille humanité et plus elle se montre difficile pour ceux que la conjonction des sexes lui envoie encore, quoique rarement : il les lui faut brevetés par le gouvernement et garantis par le culte, soient-ils d'ailleurs sourds, muets, aveugles, culs-de-jatte et hydrocéphales, n'importe, mais légitimes. Elle ne se charge que de ceux-là. Les autres, on les voit dans le diorama, roulant à milliers par les torrents d'égouts, où leurs mères, très sages, les ont jetés, afin de les soustraire à la honte d'avoir reçu la vie sans autorisation.

Le premier tableau est charmant en ses deux parties. Au-dessus les chers rachitiques, mal bâtis, exsangues, phtisiques, scrofuleux, épileptiques et crétins, des justes noces, galvanisés par l'allaitement susdit, vaccinés à tour de bras contre toutes les maladies qu'ils ont d'ailleurs en eux par hérédité et élevés à coups de sucre. Au-dessous, communiquant par certains tuyaux avec les maisons de la ville, les égouts qui charrient le trop plein des sociétés — et de l'amour.

Le deuxième tableau du diorama de l'Homme moderne ne fait pas moins d'honneur au génie du docteur Nicolhson. Il représente l'éducation du légitime moyen, cent ans après la prise de la Bastille.

Dès qu'il a ses dents de sept ans et des culottes, l'homme moderne, dont la formation commence, est brusquement privé de tout exercice et claustré! Séparé d'ailleurs de toute la partie féminine de la société, s'il est mâle, et de toute la masculine, s'il est femelle, il ne vit plus qu'avec des individus de son sexe. Le diorama reproduit exactement et dans tous ses compartiments, dortoir, réfectoire, classe, le parc à hommes où l'on... fait des hommes modernes. Il ressemble à la Bastille même, avant la prise. L'oxygène n'arrive pas à s'y combiner avec l'hydrogène, et encore moins avec l'azote. Alors on y brûle du grec, du latin, des vieux os de héros, de la vieille philosophie récroquevillée, des idées loqueteuses, des principes rongés aux vers, tous les fonds de hottes de la routine, chiffonnière séculaire, et, de la fumée, on fait aux poumons du jeune moderne une atmosphère scientifique. Le docteur Nicolhson résume par la forme suivante la donnée de cette éducation :

2

« Fils de la Révolution, ce qui existe autour de toi, à la portée de tes sens ou de ton esprit, n'existe pas. Il n'existe que ce qui est mort ou périmé, ou disparu. Si tu veux savoir, sache ce qu'on ne sait plus, et n'en retiens que ce que tu dois oublier. Avant de vivre pour ton propre compte, tu dois revivre d'abord la vie de tous les hommes distingués qui t'ont précédé sur la terre et reproduire, en leur langue même, la collection vénérable de leurs erreurs. » — Ceci dit, il surgit un petit bonhomme nommé Durand, qui s'écrie : « Je suis Durand, homme moderne ! » Et il apparaît successivement en Achille, en Cyrus, en Alexandre, en Alcibiade, en Romulus, en Caracalla, en Horatius Coclès, en Cicéron, en Asdrubal, en Théodose, en Philippe-Auguste, en Abeilard, en Turenne, en Molière, en Parmentier et en Robespierre. Là seulement il est Durand et peut monter en vélocipède.

Mais venons au troisième tableau du diorama anthropologique. C'est le tableau de l'amour. Le docteur s'y est surpassé. Le petit Durand, instruit des choses de ce monde ainsi qu'on l'a vu dans le tableau précédent, rencontre la femme ! Quand il n'est pas trop tard déjà, il s'en étonne... Qu'est-ce que cela? dit-il. — Je ne sais pas, lui répond la grande voix sociale. — Est-elle le bien ou le mal ? — Elle est le bien qui fait le mal et elle est aussi le mal qui fait le bien. — Dois-je l'aimer? — C'est ton affaire. Tout est piège sur ce terrain et rien n'est réglé par les lois. Tu peux, pour l'avoir aimée, être guillotiné ou faire fortune, et cela dépend de ta chance. Navigue entre le mariage et la prostitution et pelote en attendant partie. Apprends seulement pour ta gouverne que le législateur châtie ce que le poète célèbre.

Plein de mœurs et d'incertitude, l'homme moderne demande la main de la petite Durande. On l'envoie bouler, soit qu'il soit trop jeune ou trop pauvre. — Puis-je l'avoir pour maîtresse? demande-t-il. — Tu le peux, à la condition qu'elle restera stérile, car l'amour libre n'a pas droit à l'enfant. — Le petit Durand dit : — S'il en est ainsi, à quoi bon monogamiser? Je me sens apte et destiné à aimer plusieurs femmes, et même une par jour, à ne vous rien céler; y suis-je autorisé par la prise de la Bastille? — Absolument, mais pas sans te déshonorer. Ce qu'on appelle la débauche, c'est la plurigamie : elle est surveillée par la police et honnie par les mœurs

A la suite de ce dialogue, le petit Durand tombe à genoux devant un portrait d'Abeilard, l'un de ses premiers maîtres, et il utilise son éducation.

Le quatrième tableau du diorama est le plus important, et le docteur Nicolhson y a, pour ainsi dire, résumé tous les progrès accomplis par la civilisation depuis la prise de la Bastille. Le petit Durand y est immensément heureux. D'abord en soldat moderne, et vêtu des couleurs de son drapeau. Il fait joujou avec des fusils admirables et s'exalte à détester à tour de rôle tous les peuples de l'univers. Il tue, tue, et il est tué, tué, tué. Ensuite le voici en contribuable, et il paie, paie, paie. Puis en électeur, et il vote, vote, vote. Il ne sort d'une joie que pour entrer dans une autre. S'il est commerçant, il fait faillite, d'abord, et il vole, vole, vole. S'il est employé? il crève de faim, d'humiliation et d'abrutissement. S'il est artiste, on le tourmente vivant pour avoir occasion de le réhabiliter mort. A-t-il affaire à la justice, il est initié aux épouvantes de l'iniquité. Partout, il rencontre les tas de pierres de cette Bastille, prise il y a cent ans, démolie par ses glorieux ancêtres. les Durand opprimés des anciens régimes, et il y bute, et s'y brise, et il s'y ensanglante! On les voit, dans ce tableau, les petits tas, devant toutes les institutions : ils sont la monnaie de la pièce.

Trois compartiments divisent le cinquième tableau du diorama. Dans le premier on aperçoit Durand, ou l'homme moderne, dans un cabanon de fou, une fiole d'absinthe à la main. Dans le second, il se suicide. On le guillotine curieusement dans le troisième, et la foule est joyeuse.

Pour ce qui est du sixième tableau, je devrais vous en laisser la surprise, mais je n'en ai pas le courage. Il représente Durand, ressuscité de ses cent morts sociales, en train de reconstruire la Bastille. — On parle du docteur Nicolhson pour la médaille d'honneur de la section d'anthropologie.

LA VICTIME DE LA TOUR EIFFEL

Lorsqu'on releva son cadavre, on y trouva un papier sur lequel ces mots mystérieux étaient tracés d'une main ferme :

« Je meurs à cause de la tour Eiffel ! »

Malheureux garçon, la veille encore si plein de vie, comme remarquent les romans-feuilletons. Il n'avait que vingt ans, et il a trouvé que c'était déjà trop : il n'a pas voulu en avoir davantage. Il s'est tué à cause de la tour Eiffel !... C'était un Parisien fini, un de ces Babyloniens de la décadence, ayant tout vu sans quitter le boulevard et sachant tout, aussi, pour n'avoir rien appris. Bachelier, bien entendu; pas boulangiste; célibataire; habillé de dettes; charmant! Et quel joli fleuret!... Mais mourir à cause de la tour Eiffel, qu'est-ce que cela pouvait bien signifier? Jamais il ne s'était occupé d'architecture.

Je courus chez lui, perplexe, et du plus loin que j'aperçus sa bonne, une vieille Bourguignonne qui l'avait élevé, je m'écriai : — Qu'est-il donc arrivé? Mais, à mon vif étonnement, elle avait les yeux secs et semblait être plus résignée que de raison à ce malheur.

— Cela vaut mieux, me dit-elle. Il souffrait trop !

Elle me conduisit au lit du suicidé. Son visage exprimait une sérénité céleste et délicieuse. Je n'ai vu qu'aux amants heureux le sourire d'extase qui tendait l'arc rose de sa bouche. On comprenait qu'il avait enfin la paix, la bonne paix éternelle et que son tourment était fini. Mais quel tourment était-ce?...

Je rentrai dans le salon, et j'y questionnai la vieille Bourguignonne.

— Ah! monsieur! soupirait-elle, il ne la verra plus, il n'en entendra plus parler! Le voilà content à cette heure!

— Il ne verra plus... quoi? insistai-je.

— Mais... ELLE !!!

Sur la foi de cette exclamation, je crus saisir que mon pauvre ami avait été la proie d'une de ces

femmes terribles que la philosophie parisienne
généralise sous le nom métaphorique de : crampons. Mais, s'il s'agissait de crocs, de pinces et de
tourets, ce n'était point de ceux de l'amour. Or,
voyant que je n'y étais pas du tout, la bonne écarta
les rideaux de la fenêtre, et, agitant le poing avec
colère : — Tenez, la voilà, la gueuse !...

Mais je ne vis rien devant moi que les dentelles
métallurgiques de cette grande échelle double dont
M. Eiffel est le Piranèse.

La vieille gouvernante repartit : — Qui m'aurait
dit qu'il dût en mourir ! Il la trouvait très drôle
d'abord, et il se promettait de la gravir pendant
l'Exposition universelle et même de déjeuner sur
sa première plate forme !... Quand on pense qu'un
mois après elle le rendait fou, et que le seul jour
où il ait été heureux fut celui où, dans le *Figaro*,
M. François Coppée lui lança des mots désagréables
en vers ! Hélas ! monsieur, la poésie ne suffit pas à
guérir d'une obsession pareille. Elle en est une
elle-même d'obsession ! Et il est là, sur ce lit de
mort et de repos, avec deux balles dans la tête !...
Quelle pitié !...

Je le regardais sans oser la comprendre. C'était
un cas de folie si prodigieux que ce cas, si invraisemblable, si fin de siècle, que la vieille me parut
d'abord être tombée en déliquescence. — Le papier

dit-il vrai, demandai-je en reculant, et s'est-il tué pour la tour Eiffel?

— Et comment vivre, monsieur, dans l'horrible vision sempiternelle de cette tour infernale qui monte toujours, toujours, et que l'œil rencontre partout; où fuir ce cauchemar de fonte qui, la nuit encore, se dresse, érigé, dans nos rêves; que faire pour en éviter la fatigue? Une paysanne comme moi, forte, pratique et bien trempée, peut y résister quelque temps, mais non un jeune Parisien, délicat, aimant son Paris comme il l'aimait. Ah! son Paris, il était trop accoutumé à ses horizons tranquilles, à ses monuments modérés, au niveau honnête de ce qui y dépasse l'aimable moyenne des idées, des faits et des caractères. Quand on a le goût et l'éducation des petits essors, il est presque intolérable de passer subitement, et sans transitions, du *Maître de forges*, par exemple, à cette Babel américaine et de la voir grandir cruellement et s'enchevêtrer dans les nuages. On peut mourir de cette angoisse. Il en est mort. C'était un boulevardier.

Ainsi philosophait la vieille gouvernante. Elle huma une prise, la renifla et reprit:

— Je vous ai dit qu'au début il la trouvait « très drôle », c'était son mot. De cette fenêtre même il la regardait monter, le matin, en se rasant. —

« Stéphanie, me criait-il gaiement, ça va, la Tour!... » Puis il s'en lassa. Elle allait trop vite, pour son caractère. Les journaux ne parlaient que d'elle ; ils avaient des rubriques quotidiennes sur son ascension. Vous savez qu'il les recevait tous ? Bientôt il ne les déplia même plus. Je le vis lire la *Revue des Deux-Mondes*. La fenêtre fut comme condamnée. Il se rasa dans l'ombre, plus d'appétit, il pâlissait, maigrissait, devenait grinchu, lui, si gai, monsieur, et qui jetait les calembours comme un brasier les étincelles !...

» Une matinée, pourtant, l'espoir me revint, et ce fut le jour où les ouvriers du chantier aérien se mirent en grève. « Enfin ! s'écria-t-il, elle va donc « demeurer stationnaire ! » Et il écarta une fois encore, la dernière, les rideaux épais de la croisée. ELLE n'atteignait qu'à la hauteur raisonnable des deux autres, CELLES du Trocadéro. Ce matin-là, il posa la *Revue des Deux-Mondes* et il ne lut pas davantage. Il était heureux.

» Malheureusement, la grève ne dura point, et l'ascension terrible recommença. Il se remit à dépérir. Le médecin ne comprit rien à son mal : « Ça ressemble au spleen anglais, dit-il, celui qui » aboutit au suicide. Le microbe est inconnu. » Et il lui conseilla de se distraire, d'aller au Champ de Mars voir où en étaient les travaux. Il y a des médecins qui ne sont pas forts ! Mon pauvre jeune maître y alla. Il se coucha sous la Tour pour ne pas la voir monter ; mais comme elle est à claire-voie, il la voyait monter tout de même, en raccourci. Il dut renoncer à ce remède, trop homœopathique.

» Or, c'était environ le temps où les prospectus de magasins multipliaient les plans, coupes et élévations de la Tour, afin de charmer les clientes. Nous en recevions par la poste des kilogrammes. Il y avait des nœuds de cravate Eiffel, des gilets eiffeliens et même des pantalons affectant la forme et la couleur obsédante. Alors, il ne rentra plus à la maison. Il vivait à son cercle et sur les boulevards. Mais, là aussi, la persécution l'atteignit. Les camelots ne vendaient que des Tours Eiffel, et, au cercle, on ne lui épargnait point l'atroce conversation métallurgique que vous devinez bien. Il se fit boulangiste pour parler d'autre chose.

» Vainement ! chez le général même, on en traitait nuit et jour. Elle servait de métaphore à ses courtisans pour dépeindre la grandeur de sa mission providentielle et du mouvement ascensionniste de l'opinion qui, lui aussi, montait toujours.

» Cela devait dégénérer en fièvre cérébrale ou en folie. Les lettres de M. Jaluzot à M. Eiffel, aggravées des lettres de M. Eiffel à M. Jaluzot, déterminèrent la crise. Jamais je n'oublierai cette nuit affreuse où je le vis rentrer pâle, défait et méconnaissable, ni de quel air égaré il me cria : « Stéphanie, je viens, grâce à mes protections, d'obtenir la place d'ascenseur dans la Tour. Je monterai avec elle. » Je le couchai comme un enfant et, pour l'endormir, je lui chantais de vieilles chansons de nourrice qu'il aimait quand il était petit. Quelle ne fut pas ma stupeur, monsieur, le lendemain, à l'aube, lorsque je le vis, en chemise, devant la fenêtre, hurler à la Tour qui montait encore, comme un chien aboie à la lune !

» Enfin, je l'habillai, et il s'enfuit encore. J'avais couru à la Préfecture de police pour obtenir qu'on l'assistât dans sa folie. Deux agents furent lancés à sa découverte. On le trouva dans les environs de Paris, fuyant la Tour « qui le poursuivait », disait-il. Il se pelotonnait à l'angle des murs, sous les ponts, dans les caves, partout où il espérait se soustraire à la vision épouvantable. En Seine-et-Oise, il la voyait encore. En Seine-et-Marne, il l'apercevait au-dessus du faîte des forêts. « Je quitterai la France, s'écriait-il en marchant, j'entrerai dans la mer pour t'éviter!... » On ne l'atteignit qu'à Marseille. Il allait s'embarquer pour les Indes. Ce fut là que les agents s'emparèrent du pauvre jeune homme, et ils le ramenèrent. Mais à Lyon, quand il découvrit la Tour Eiffel et son échelle double dans le ciel (car on l'y voit!) il prit son revolver et il se fit sauter deux fois la cervelle. A-t-on le droit de l'en blâmer? Je vous le demande. »

LA JUSTICE HUMAINE

L'HORREUR DE COMPAROIR

―――――

Doutez de tout, comme dit Hamlet à Ophélie, mais ne doutez jamais que, depuis la promulgation des cinq codes, nous n'ayons tous, tous, tous, horreur et terreur de la justice humaine.

Je vous dirai, si vous voulez l'entendre, la cause de cette exécration universelle, si éloquemment manifestée par les récents procès de Cours d'assise, — où l'on a vu des criminels traiter leurs juges de turc à more et défier la société à visière levée, car cette révolte est tout bonnement l'idiosyncrasie de la fin du siècle dix-neuvième.

La pratique jurisprudente des cinq codes, depuis tantôt cent ans, avec sa mise en scène tragi-comique de sainte Hermandad populaire, le cabotinage de ses jurys tirés au sort dans le

Bottin, de ses avocats costumés en pierrots noirs, de ses comptes rendus-feuilletons, et de son public de chacals hurlant à la mort, constitue au prévenu un état victimaire qu'on ne peut définir que par trois mots :

— Impossibilité, inutilité et PASSE-DROIT d'être innocent.

Pour l'impossibilité, je le donne à Hercule. A ses douze travaux fabuleux, jamais ce demi-dieu n'ajouterait le treizième exploit d'être innocent en justice ! Innocent devant les cinq codes, allons donc ! Innocent des dix-huit-cent-dix-neuf mille chefs d'accusation dardés par les dix-huit-cent-dix-neuf articles à cent pointes, multipliés par leur jurisprudence, leur casuistique, leurs corollaires, et plus nombreux que les cas de conscience proposés par un Escobar, innocent ? En voilà une chose à laquelle nous ne croyons plus par exemple, et depuis cent ans, mes seigneurs. Nul n'est innocent devant la loi, en 1888. Hercule y briserait sa massue.

D'ailleurs quand il serait innocent, à quoi lui servirait de l'être ? C'est absolument inutile. Est-ce pour ça qu'il est devant le tribunal ? Personne n'y tient, à son innocence, si tout le monde la lui conteste. Les chacals, les pierrots noirs, les bourgeois au doigt mouillé ne sont pas réunis dans les ténèbres pour constater une méprise. Etre innocent n'est rien, il s'agit de prouver seulement qu'on peut l'être. Le jeu est là. Il vaut la tête, paraît-il.

Mais s'il est impossible d'abord, inutile ensuite d'être en justice, il serait encore inique qu'on le fût véritablement, et ce PASSE-DROIT lèserait la sainte Hermandad populaire, que dis-je, l'égalité démocratique peut-être ! Lorsque le boucher Avinain, de naïve mémoire, s'écriait : « Mais, mon président, j'ai le droit d'être innocent ! » il proférait une bêtise immense. Non, il n'avait pas ce droit puisqu'il était inculpé, c'est-à-dire déjà en proie à la justice humaine. Le titi qui, du fond de l'auditoire, lui aurait crié : « Eh ! va donc, prévenu ! » aurait, d'un trait, fixé la situation, car pour échapper aux dix-huit-cent-mille dards du code il faut être plus qu'un homme, il faut être un dieu. Et alors on le dit.

Ah ! cette position de prévenus permanents que, pour sa sécurité, la société nous fait devant la justice, voilà ce qui donne une crâne idée du bon vieux chêne de saint Louis. Quand vous passez, le matin, sous la fenêtre de dame Thémis, à l'heure où elle prend le frais, sachez qu'elle vous dénombre et qu'elle vous numérote, heureux tenants du cher pacte social ! Les dix mille inculpés qui défilent à l'heure sous ses regards perçants, sont, à ses yeux, dix mille canailles habiles qu'elle pincera un jour ou l'autre en flagrant délit *de ne pouvoir démontrer qu'ils n'en ont commis aucun.* Passez, passez, contemporains, gibier de prétoire, et hâtez-vous de vivre car vous êtes destinés à comparoir tôt ou tard. Or, quand on comparoît, on est perdu.

Comparoir, miséricorde ! Le plus grave en pâlit, et voilà d'où vous viennent l'horreur et la terreur de la justice. Comparoir devant Thémis c'est mériter déjà le froncement de son sourcil sévère. On peut sortir indemne d'un prétoire, on n'en sort jamais tout à fait blanc. Les mœurs de la justice chrétienne, ô Christ, sont telles que je me charge d'empêcher un saint d'être canonisé. Il me suffira de le citer devant un juge du paix, sous un prétexte quelconque, pour que, pendant trois cents ans, tous les papes hésitent à consacrer sa sainteté. Il a comparu !

O tours de Notre-Dame, que nous avons tous volées et qui cependant êtes toujours là, couvrez nos fuites éperdues! Les pauvres innocents ne peuvent plus entendre sonner vos cloches, sans trembler et sans retourner leurs poches. Si, par hasard, elles étaient tombées dans nos goussets, comment expliquer leur présence à ceux à qui il faut tout expliquer ? Et même si elles n'y étaient pas tombées, par où justifier de notre terreur qu'elles le fussent. O tours de Notre-Dame, personne n'est innocent de quoi que ce soit, ni de ce dont on le soupçonne, ni de ce qui n'est pas arrivé ; il n'y a sur la terre que deux classes de terrestres, les gendarmes et les voleurs. Encore a-t-on dû recourir à la clarté de l'uniforme pour les reconnaître, les *distinguer* peut-être ! La seule preuve évidente que vous n'êtes pas un assassin, c'est que vous êtes un assassiné ! A cette condition, seule et expresse, la loi vous laisse aller et venir, elle croit à votre innocence préventive.

On se demande parfois quelle peut avoir été la cause de certains suicides inexplicables qui déroutent la pensée et confondent la logique, des suicides de gens heureux ? Elle n'est pas difficile à restituer, cette cause mystérieuse. Ils étaient fatigués de la vie d'inculpé que la justice fait à l'homme moderne. Pour certaines âmes fières et délicates, l'angoisse d'être engrené par cette machine aux bretelles sanglantes, qui ronfle au coin du quai, dans le monument terrible et abominable, est une douleur qu'aucun bienfait de la civilisation ne compense. Or, il y en a beaucoup, dans la race française, de ces pauvres âmes du vieux jeu, et il y en a dans toutes les classes, même les plus humbles. Quelque impeccables qu'elles se sentent, l'idée de ce sempiternel état de siège de leur conscience, par où elles sont asservies nuit et jour, et comme affiliées de force à l'Inquisition mutuelle de la justice, à ses viols brutaux et publics de l'individu, leur empoisonne jusqu'à la liberté. Elles aiment mieux ne plus vivre que défendre leur vie pied à pied, heure par heure, mot par mot, et que trembler toujours sous le vautour qui plane. Doutez de tout, comme dit Hamlet, mais ne doutez pas que la Révolution française n'ait créé en France la terreur de la justice.

Nos mœurs mêmes se sont avilies dans l'épouvante nationale. Lorsque j'imaginais tout à l'heure d'entraver la canonisation en justice de paix, ce n'était pas la peine d'en débourser l'hypothèse. Comparez la tête que vous fait votre fruitière, après l'acquittement même, à celle qu'elle avait pour vous avant la comparution. Elle sait très bien que vous êtes absous et que par conséquent vous étiez calomnié, mais vous avez été vu entre deux gendarmes, c'est-à-dire encadré par deux polichinelles du droit, et vous gardez comme une odeur de leurs bottes, un vague relent d'infamie, dirait Emile Zola. Vous sentirez vous-même que vous êtes désarmé contre les faux poids et les fausses mesures, et vous n'oserez pas vous plaindre, si on vous vole, de peur d'être engueulé. Est-ce que j'exagère? Ah! je le voudrais certes! Mais je dois aller plus loin encore.

Y a-t-il rien qui vous semble plus désagréable que d'être cité comme témoin d'un procès, je dis témoin seulement? Pourquoi donc? Dites-le. Mais en serait-il ainsi si vous respectiez la justice? Comment expliquez-vous encore que le rôle de témoin à charge soit plus mal vu que celui de témoin à décharge? Il y a autant d'honneur, ce semble, à remplir l'un que l'autre devant sa conscience! Ah! malheureux légiférés, comme vous en avez peur de vos lois humaines, de vos tristes lois sans bonté, sans pitié, sans solidarité de misère! Comme vous en sentez l'inquiétant pile ou face! Il n'y a pas de crime peut-être qui ne soit diminué, j'allais dire innocenté, par cette circonstance atténuante, la vie, et qui n'ait pour complice toute l'humanité.

Verra-t-on jamais le temps et le pays où l'accusé sera traité en honnête homme jusqu'à sa condamnation et où un juge dira poliment: Monsieur à un prévenu?

L'ÉPOUVANTE D'ÊTRE ACQUITTÉ

Comme je venais de m'enfermer et de mettre la barre à ma porte pour compter l'or que me rapporte mon théâtre, on frappa discrètement au vitrage et une voix timide demanda :

— Monsieur Caliban, s'il vous plaît ?

Or, non seulement la voix était timide, mais elle était souffrante. Si c'était, pensai-je, un de mes confrères dans la dèche ? Et, posant mes sacs lourds et sonores, je courus lever la barre.

— Entrez, lui dis-je.

Et il entra, puis s'assit. Il paraissait exténué.

Lorsque je brasse l'or que me rapporte mon théâtre, je n'allume que la veilleuse. C'est plus rembrandtesque. La pénombre me procure des effets de clair-obscur dont je suis ivre et que le néologisme décadent de « luisances », définit assez bien. Seulement je n'y vois pas clair et il m'était impossible de distinguer le visage de mon hôte. Dans ces cas-là, je me sers de mon odorat. Cet homme sentait le potard.

L'odeur du potard est celle de l'herboriste, mais en plus fort ; il s'y mêle de la chimie aux aromes des fleurs sèches. Enfin il était clair que j'avais devant moi ce qu'on appelle : un pharmacien.

— Monsieur, commença-t-il, toutes les professions libérales mènent à la misère. J'ai fait d'excellentes études latines et je puis encore vous nommer, dans la langue de Pline, toutes les herbes médicinales de nos bocaux. Mais je n'ai ni mangé, ni bu, ni fumé depuis deux jours et je viens de très loin, à pied. Pourtant, j'ai de l'argent et je pourrais vous en prêter un peu si, comme je le suppose, vous en avez besoin, car j'ai lu en chemin des critiques dramatiques qui vous concernent. Ne traînerait-il pas derrière votre malle quelque croûton de pain ennuyé?

A cet étrange préambule je ne doutai plus d'avoir affaire à un dément, et comme je les adore, je pris une poignée de louis rembrandtesque et la jetai dans la cage de l'ascenseur.

— Mère Gobichon, criai-je à ma concierge, une terrine de Strasbourg, deux bouteilles de grande marque, des fraises et du pain qui croque !...

Cinq minutes écoulées, tout remontait par l'ascenseur, et nous nous attablâmes.

Lorsque mon potard fut rassasié, il reprit la parole en ces termes, ou d'autres, équivalents :

— Ainsi que je vous le disais tout à l'heure, ô généreux Caliban, je viens de très loin, à pattes. J'ai quitté, il y a deux jours, un magnifique port de mer normand où j'étais de première classe dans mon art. Mais comme, par une fatalité extraordinaire, tous ceux qui m'approchaient mouraient autour de moi, des jaloux me dénoncèrent à la justice, et je fus accusé de faire mourir le pauvre monde au moyen de l'abus des simples. Je comparus et, pour mon malheur, je fus acquitté ! On ne put pas produire de preuves contre moi. Ah ! si j'avais su, je leur en aurais fourni, moi, des preuves, car ma vie est réellement épouvantable !...

— Mais si vous êtes acquitté cependant, que peut-on vous faire ? Vous allez et venez, vous êtes libre !... J'avoue que je ne comprends pas.

Il se dressa, étendit la main et lança sur la ville cette malédiction sombre :

— Malheur aux acquittés !... La société n'est douce qu'aux coupables. Vous n'aimez que les condamnés !...

Evidemment c'était un fou. Je rapprochai ma chaise de la sienne.

— Buvons à la justice, lui proposai-je en remplissant son verre. Il le jeta par la fenêtre.

— Votre erreur, naïf Caliban, celle-là même qui, dans un autre ordre d'idées, vous attire si fâcheusement vers le théâtre, est de croire au mensonge des mots. Vous vous imaginez encore, en dépit de vos cheveux gris, qu'on redevient innocent lorsqu'on a été acquitté publiquement par les Salomon et les saint Louis en chambre de son temps. Sachez-le bien, nul ne l'est plus qui a comparu en justice. L'innocence sur la terre, c'est de ne jamais comparaître. L'honnête homme est celui que l'on n'accuse pas.

C'était un vers. Je lui serrai la main.

— Le peuple a besoin de criminels; il lui en faut pour s'excuser de subir le joug social, contre lequel se révolte le sauvage mangeur de chair humaine qui reste en lui de l'origine. Acquitter, c'est le frustrer et lui soustraire une victime promise. Aussi comme il les aime, ses condamnés! Comme il les choie, dès qu'ils le sont! De quelle préoccupation tendre il les entoure, ceux qui vont mourir, les chers scélérats convaincus de l'être, et que l'ami bourreau a marqués de son signe pour une aurore ensanglantée! Heureux les condamnés, vous dis-je ! Oh ! ne comparaissez jamais ! Faites-vous hacher plutôt que de comparoir ! Mais si vous avez comparu, priez Dieu qu'on vous juge coupable, car toutes les pitiés seront pour vous, les femmes extasiées vous donneront des boucles de leurs cheveux, les hommes vous jetteront des cigares enthousiastes — et vous serez interviewé !... J'ai presque envie d'en appeler de mon acquittement, ricana le potard satanique.

Il devenait intéressant. — Buvons, repartis-je, à la Cour d'Appel !... ou au droit de grâce de M. Carnot !... ou à la commutation de peines !... Enfin, buvons à quelque chose, car il faut boire, et tout est là, depuis la mort inutile du Christ.

— Non, répondit l'étrange personnage, buvons aux aubergistes.

Pour le coup, je le regardai, tout béant ! Jamais je n'en avais rencontré soit à Charenton, soit dans la vie, enfermé ou libre, d'aussi délicieusement déraisonnable. Aux aubergistes ? Pourquoi aux aubergistes ?

— Parce qu'ils reçoivent des journaux dans leurs auberges. Dès que je fus acquitté, on me remit en liberté. Je sortis donc et d'abord je traversai la foule, massée dans la rue, autour du Palais de Justice. Aux sentiments que je lus dans les regards de cette population amèrement déçue, je compris que je ne devais qu'à la présence des gendarmes de ne pas être écharpé sur place. Je rentrai à la pharmacie. Pas un ami ne m'y attendait pour me serrer la main. Ceux que j'aimais se détournèrent de moi. Acquitté, oui, mais j'avais comparu ! On m'avait vu entre deux gendarmes. Un avocat m'avait défendu. C'était fini. Je compris que désormais il n'y avait plus pour moi de clientèle, que mes humbles jujubes passeraient pour empoisonnés et que ma concierge ne me remettrait même plus mes lettres. Je sifflai mon chien et je partis. On est toujours un homme pour son chien. Ayez des chiens, Caliban, il n'y a qu'eux qui soient vraiment justes sur la terre.

A la première auberge où je m'arrêtai pour souper et dormir, on me demanda mes papiers. Je les donnai, et on y lut mon nom. Pourquoi le cacher, puisque j'étais acquitté ? Mais il y avait sur les tables trois ou quatre journaux remplis de mon procès. On me flanqua à la porte. J'allai à une autre, ce fut de même. Il fallait voir la terreur des femmes et des servantes, lorsque mon identité était constatée devant elles. Que n'étais-je condamné et en fuite, elles m'eussent caché !

A Rouen, mon chien, mourant de faim, happa une côtelette à l'étal d'un boucher. Je la rendis et en outre je la remboursai. On voulut savoir qui j'étais, tant je parus honnête, car le boucher ne s'était aperçu de rien. J'exhibai ma carte et priai qu'on voulût bien me vendre la côtelette. Ce fut un brouhaha terrible, et je crus que les garçons allaient fermer les volets de la devanture tant je fis horreur à ces concitoyens qui, eux, n'avaient pas comparu !

Enfin, dans un café, je résolus de dissimuler mon individualité lépreuse d'acquitté français... Je m'assis avec mon pauvre chien et je commandai quelque chose. Mais cet établissement recevait des journaux illustrés. Mon portrait les embellissait, et flatté, je vous en réponds. Il avait été fait avant l'acquittement, pendant la période du procès où l'on est réputé coupable. Vous devinez sans peine ce qui arriva. Les habitués m'avaient reconnu, le patron me pria poliment d'aller me faire pendre ailleurs. Pourquoi pendre, puisque j'étais acquitté ?

Et me voilà. Je suis venu tout droit chez vous parce qu'il y a des similitudes entre votre situation et la mienne. J'ai pensé que vous compatiriez.

— Ah ça ! mais qui donc êtes-vous ? fis-je, assez pâle.

— L'acquitté du Havre.

— Quoi, Pastré-Beaussier ?

— Oui, lui-même,

Je m'abattis sur mes sacs d'or pour les défendre.

— Vous voyez bien, fit le potard, vous aussi ! Et pourtant, je n'étais accusé que d'empoisonnement!

Et il s'élança dans l'ascenseur, qui s'abaissa lentement.

— Au moins, lui criai-je un peu honteux, infortuné Juif-Errant de l'acquittement, prenez les cinq sous nécessaires à votre fuite éternelle.

— J'ai de l'argent, répliqua-t-il, c'est le droit de vivre que je n'ai plus. Acquitté, je suis acquitté, hélas ! et pour toujours !...

LA FAILLITE

Il n'y a qu'une voix en France sur le stratagème employé par la châtelaine de Chenonceaux pour dépister ses féroces créanciers : c'est un délicieux stratagème !... J'ai vu les plus honnêtes gens s'en tordre de rire. Ils mêlaient leurs extases hilares à celles des personnes de la société qui font profession de canaillerie.

— Ah ! ah ! ah ! savez-vous la nouvelle ? Madame Pelouze se fait déclarer en faillite !... Hi ! hi ! hi ! Dieu, qu'elle est bonne, celle-là !... Oui, elle dépose son bilan de marchande de vin ! Oh ! oh ! oh ! c'est de première force. Qui lui a suggéré cette idée de génie ? Vous le demandez ! Il n'y a qu'un Daniel au monde. Un fort coup tout de même ! Je n'en connais pas le plus drôle ! Et vous ? Moi non plus. Il fallait y songer, voilà tout, comme pour l'œuf de Christophe Colomb. Parbleu !

Et un philosophe (voir Jovialité) ajoute :

— C'est égal, le père Grévy ne doit pas s'embêter dans sa famille !

— Ohé ! là-haut, dans le ciel étoilé, près des Balances, entre Lycurgue et Solon, vos aînés dans la carrière, fiers législateurs, Portalis, Treilhard, Bigot-Préameneu, qu'est-ce que vous en dites, de notre opinion contemporaine sur la faillite ? Qu'en penses-tu, Balzac, toi dont le *César Birotteau* nous remua jusqu'aux entrailles ? Et vous autres, bonnes bêtes du vieux jeu, qui préférâtes le suicide au déshonneur de votre signature, quel est votre sentiment sur le bon tour de la châtelaine ? Car il n'y a pas à dire, c'est un bon tour. Les créanciers ne l'ont point volé. Tel est le cri universel.

Etant donné l'idée que l'on a des créanciers, comment se fait-il qu'on trouve encore des êtres assez stupides pour vous faire crédit et même vous prêter de l'argent ? Tel est le problème que je me pose quelquefois, au soleil couchant, lorsque la civilisation se calme dans la nature. O mystère insondable, on en trouve cependant ! Madame Pelouze en eut tant qu'elle en voulut avoir. Que dis-je ? Elle en aurait encore, après le dépôt facétieux du bilan. Cette faillite, lancée d'un main sûre, attendrit trop de cœurs, dilate trop de fronts, désopile trop de rates, pour qu'il ne surgisse pas à la belle châtelaine cent chevaliers de la créance. Je ne crains rien pour Chenonceaux. Il restera dans la famille.

Ainsi s'oblitère et se vicie la pensée législatrice du Corse aux cheveux en baguettes de tambour. Ainsi dévie sa morale austère et militaire. Ainsi s'effrite son monument! La faillite est entrée dans nos mœurs, amenant avec elle l'apaisement des concordats; et la sympathie Térencienne (*Homo sum!*) s'est déplacée, allant désormais au débiteur et lâchant le créancier! Moi, je veux bien. Je n'ai qu'à y gagner, pareil en cela aux romantiques, mes maîtres, qui popularisèrent gaîment, et pour cause, cette aimable pétition de principes, et imaginèrent des oncles flattés des dettes de leurs neveux, afin d'embêter Scribe, évidemment. Seulement, il fallait nous avertir plus tôt et nous dire que ce paradoxe contenait la moelle d'une vérité nouvelle. Nous en aurions brisé l'os et sucé les sucs médullaires et nous ne serions pas dégotés honteusement dans l'art des affaires par la famille Grévy.

Hélas! pour ne pas avoir su ou compris le jeu de la faillite, j'ai perdu bien des petits Chenonceaux que je regrette. Car chacun a les siens, selon sa fortune, sa chance, son travail ou ses alliances, et l'honneur ne compte pas le nombre des tourelles. Aucun oncle n'a racheté les miens, même pour embêter Scribe, et les créanciers me méprisent tellement aujourd'hui, que je ne pourrais plus, même sur la garantie de Daniel, peut-être, renouer avec aucun d'eux.

Notre société devient véritablement intéressante ! Si vous avez vu dans vos voyages des singes se flanquer, au lieu de s'en nourrir, des noix de coco à la tête, vous aurez, en vous y comparant, une notion assez juste de ce que nous faisons des articles du code. Ce cocotier napoléonien ne nous sert plus qu'à faire joujou : on jongle avec ses calebasses. Certaines gens parviennent à une dextérité extraordinaire dans cet exercice. D'un kilomètre, ils vous collent une noix sur le nez et vous cassent vos lunettes. On les appelle avoués, notaires, agréés, juges, mais le nom importe peu ; c'est leur adresse qui est incomparable. Il n'y a pas pour moi l'ombre d'un doute que madame Pelouze en loge quelques-uns à Chenonceaux, et de prodigieux ! Avec le coco de la faillite, au vol, ils atteignent le coco du concordat, et les créanciers en bavent d'admiration. Car il le faut, un art est un art. Ah ! on peut se risquer à le dire, ils sont eux-mêmes de rudes cocos, si vous me permettez cet hypallage !

Ce n'est pas au moins, faites-moi l'honneur de le supposer, je vous prie, que je défende l'institution de la faillite. Elle est simplement abominable. Rien de plus anti-humain n'a été inventé par le fatalisme social, et celui qui, attachant l'idée de déshonneur à la ruine, n'a pas craint de placer la porte de l'enfer, la porte sans espérance, entre le passé d'un homme et son avenir, est, en neuf lettres, un misérable. Il n'y a sur la terre qu'une seule chose dont on puisse dire qu'elle est sacrée, c'est le travail. Mais s'il est beau, dans la réussite, il est sublime dans la malchance. Rien de plus vénérable que l'insuccès.

De telle sorte que flétrir publiquement et stigmatiser d'un coup de ton glaive, ô Thémis, le brave qui, au lieu de se croiser les bras, se met à défier la fortune et tombe assommé sous ses coups d'aveugle, c'est transporter dans la vie honorable les mœurs du jeu et sa philosophie infâme et féroce. Non seulement le pacte social n'exige pas que nous réussissions dans toutes nos entreprises, sous peine d'être rayés de la liste des citoyens utiles, ainsi qu'on l'est par une faillite, mais encore il veut qu'aucun hasard, qu'aucune erreur n'abatte notre courage et n'atteigne notre fierté, et il se prête à tous les recommencements. S'il n'en était pas ainsi, l'état sauvage serait mille fois plus humain que la civilisation. On n'est pas déshonoré dans une tribu, ni banni du clan, parce qu'on a raté un aigle au vol avec son arc. Il reste des flèches.

Cette loi implacable de la réussite, qui est la nôtre, et que les Rhadamantes du Luxembourg ont promulguée dans le code commercial, au milieu des jurons soldatesques du premier Consul, assimile l'industrie à l'état de guerre et décrète absurdement la victoire là où elle ne dépend que du hasard et jamais des capacités, de l'intelligence, ni du courage. On commence à s'en apercevoir, et on la retourne gaiement. Vous voyez même qu'à Chenonceaux, dans la famille d'un illustre juriste, on va jusqu'à la ronde délirante. On l'y traite visiblement, cette loi de la faillite, dont César Birotteau fut le martyr et le Polyeucte, comme on traite la terrible Tarasque en Provence, on gigotte autour avec maints feux de joie; on en célèbre l'épouvante historique. Il y a là des avoués d'une force de jarrets énorme, qui font tout le tour du brasier en une fois et que l'allégresse embrase.

Alors, à quoi bon, mon Empereur? Si de ta loi de déshonneur, tragique dans le bourgeois, il ne reste de pratique que l'accalmie du concordat, pourquoi ne pas en arriver tout de suite à un tempérament, qui seul est humain, chrétien et social? Personne aujourd'hui ne se croit perdu par une faillite, et l'on dépose son bilan avec une tranquillité de cœur et d'esprit, qui n'a d'égale que l'indifférence des prétoires. Que dis-je ! la banqueroute est une des phases commerciales prévues, par lesquelles une bonne maison doit passer pour s'accréditer, et vous avez tous encore dans l'oreille le cri d'enthousiasme, demeuré populaire, par lequel un industriel, carrément moderne, annonçait à sa clientèle extasiée qu'ENFIN ! il avait fait faillite ! !

Ce cri nous revient des bords de la Loire, escorté des vivats de tout un peuple solidaire, et consacré par l'autorité d'un nom qui a signé des lois françaises. Chenonceaux est pacifié. Le dépôt du bilan de marchande de vin a sauvé ce monument de la Renaissance, et la châtelaine qui le conserve peut, grâce à l'aveu de banqueroute, payer ses dettes et garder ses millions. Il lui a suffi de renouveler le mot qu'on prête à la spirituelle Augustine Brohan : « Je préfère le déshonneur à la mort! » *Potius fœdari quam mori !* Ce n'était pas plus difficile que ça, et le tout était de s'y résigner. On se résigne à tout parmi les siens et le bon conseil lui est enfin venu. Il n'y a que le nom de Pelouze qui la danse. Il paraît que c'est peu de chose pour les avoués. Allons, tant mieux !

Mais ne trouvez-vous pas que l'institution qui fournit l'occasion de pareilles facéties jurisprudentes est une institution périmée et que la faillite a fait son temps ?

L'AMOUR EN COUR D'ASSISES

I

La cour d'assises de la Seine vient d'acquitter — avec collecte — une fille-mère prévenue d'avoir revolvérisé un jeune bourgeois qui, après lui avoir fait deux enfants pour rigoler, refusait d'en devenir le père. Cette femme s'appelle mademoiselle Jamais. Mettons, si vous voulez, que l'homme se nomme M. Toujours. Je crois que ce pseudonyme fera plaisir à sa famille.

Il y a droit, du reste, par la fréquence de ses serments. La promesse de mariage était passée chez cet agréable Prudhommet à l'état de tic et de manie trépidante, et il ne pouvait pas voir son Alexandrine sans l'appeler : « Chère épouse » ;

toutes ses lettres sont signées du « ton mari pour la vie » des tatouages. Aussi son Alexandrine se laissait-elle faire des enfants à bouche que veux-tu, persuadée qu'ils étaient destinés, eux aussi, à s'appeler : Toujours, par droit de filiation.

Or, ce rigoleur de M. Toujours ne voulait que rigoler, ainsi qu'il appert de son propre témoignage devant les juges extasiés et béants :

— L'épouser, qui ?... Ma maîtresse ?... Ah ! des cerneaux !

Car il est de son temps, M. Toujours, d'un temps où l'on n'épouse pas sa maîtresse, même et surtout si l'on a d'elle et de ses flancs féconds ce que les économistes nomment : de la graine de chair à canon. Le flanc fécond est mal porté dans le Tiers, quand il est porté sans la ceinture de flanelle du mariage. Il attriste la rigolade ; il gâte l'ébat.

— Jette ta gourme ! s'était écrié M. Toujours, le père, en lançant M. Toujours, le fils, dans la société.

Mais va-te faire fiche ! voilà que cette gale de gourme a fructifié et qu'elle donne des Toujours, petits-fils ! Ce n'est pas de jeu, mon juge !... — A qui le dites-vous ? Depuis Salomon, impossible d'accorder sur ce point la nature et les Codes bien faits. On y perd son latin de la décadence.

Mademoiselle Jamais n'a pas lu Justinien, ni ses *Institutes*. Elle ne sait de lui que ce qu'on en dit dans les *Deux Aveugles*, soit qu'il est « monstre odieux ». Ayant donc constaté sans pouvoir s'y méprendre que ses petits n'avaient plus aucune chance d'être légitimés par de justes noces promises, qu'ils seraient jusqu'à leur mort de pauvres Jamais au lieu d'être d'heureux Toujours, et qu'enfin elle avait été mise dedans par un membre de la sainte Bourgeoisie, elle a pris sous une pile de mouchoirs qu'elle gardait pour pleurer un revolver légué par son propre père, et elle en a déchargé les six tubes, au hasard, sur Prudhommet. Hélas! le père ne lui avait pas enseigné la manière de s'en servir, et Prudhommet fut raté. Il n'écopa qu'au coude, dit-on. Il est vrai que la malheureuse mère avait tout de suite renoncé à viser au cœur, pour ne pas perdre une balle dans le vide.

La Justice, sourde aux apostrophes tonitruantes du procureur (ô mon Torquemada, quelle profession!) a renvoyé mademoiselle Jamais indemne, avec, dans les mains, une aumônière de cinquante balles. Et le jeune M. Toujours est rentré dans son honorable famille. Le peuple demande qu'il y épouse sa cousine, exclusivement.

J'applaudirais certainement à cet arrêt, presque

humain, de la cour d'assises de la Seine, s'il y avait dans cet acquittement toute la justice que l'on rêve. Mais j'ai beau vouloir apaiser ma conscience, elle a encore faim, et sa fringale de Bien n'est pas calmée. Selon elle, le procès a dévoyé. Thémis a triché. Il ne retournait pas de l'innocence d'Alexandrine. Elle en a deux preuves vivantes et bouclées. Il lui eût suffi de les montrer publiquement, et de dire :

— Je vous prie d'observer, messieurs les juges français, qu'ils tireront à la conscription et se feront tuer, comme les autres, pour la patrie.

Et elle se serait tue. Et une sérieuse gloire de femme aurait résulté pour elle d'avoir donné deux citoyens à un pays qui en manque, oh ! qui en manque absolument. Car elles sont braves, en ces jours sombres, celles qui, avec maire ou curé, ou sans curé ni maire, ont le patriotisme de faire des cibles intelligentes pour Krupp, et dont l'amour travaille pour la Mort. Donc, l'innocence d'Alexandrine n'était pas en cause. Innocente, elle l'était visiblement deux fois, étant deux fois mère.

Mais c'est M. Toujours qui est mal jugé !

M. Toujours est excessivement mal jugé, me crie ma conscience, et s'il n'épouse pas au moins sa cousine, on peut dire que la lâcheté est impunie sur la terre. Si j'étais juge, et si, l'étant, je gardais dans le torse la conscience du Bien et du Mal qui me dévore, j'aurais coiffé ma barrette, et surgissant, j'aurais dit :

— Attendu qu'un homme issu d'une caste et élevé par une famille, où cette philosophie monstrueuse est pratiquée et enseignée de mentir dans le commerce de l'amour, qui vaut tous les autres commerces, d'y fausser sa parole et d'y nier ses engagements, attendu, dis-je, que cet homme ne doit se reproduire que dans cette caste et cette famille même, afin que la race s'en éteigne le plus tôt possible, j'invite, au nom de toutes les lois divines et humaines, et aussi au nom de Justinien, l'accusateur à s'asseoir au banc des accusés, d'abord;

» Puis, y étant assis, à s'entendre condamner à épouser sa plus proche parente, soit sa cousine germaine, si elle y consent;

» Et si elle n'y consent pas, ce dont je la loue d'avance, à rester célibataire au moins, sous la surveillance de la salubrité publique. »

On voit que je n'ai pas fait mon droit!

Tel serait mon jugement, cependant, si j'étais juge, ou plutôt tel serait, j'en suis sûr, celui de tous les honnêtes gens si la justice moderne n'était ce qu'elle est, c'est-à-dire une immense toile d'araignée empoisonnée où les papillons se prennent pêle-mêle avec les mouches à merde.

Oh! non, je n'ai pas fait mon droit, et c'est à cela que je dois peut-être d'avoir conservé la candeur puissante de ma philosophie, qui groupe autour de moi les faibles, les opprimés et les enfants et m'acquiert la tendresse des animaux même. Deux semaines de cours à l'École m'ont suffi pour lâcher à jamais Justinien, le monstre odieux, et le non moins odieux monstre corse, qui ne pouvant discipliner l'amour, crut s'en tirer en le militarisant. Et c'est pourquoi je suis contre les Messieurs Toujours pour les petits Jamais.

Le jour où l'on nous refera un Code, d'après un corps de doctrine à la fois scientifique, social et humain, il faudra bien en venir à promulguer qu'il n'y a de crimes d'amour que de la part de l'homme. Quoi que fasse la femme pour aimer et pour être aimée, elle est irresponsable de ses actions. Elle obéit à la nature. Elle fonctionne. Tous ses défauts, tous ses vices, ses trahisons, ses perfidies, sont autant d'amorces de reproduction, j'ose écrire autant de gages de conservation de l'espèce. La douleur qu'elle dégage est féconde en grandes actions de mâle, et le seul crime vrai qui lui soit imputable est de ne pas aimer. Observez qu'elle ne souffre que d'une seule chose sur la terre, d'être inféconde.

Criez, si vous voulez, au paradoxe de poète, mais sachez que la vérité vraie est là et que tôt ou tard les législateurs en viendront à accorder à l'amour même tous les droits d'exception qu'ils accordent déjà à la maternité, car la race s'épuise et ce n'est pas le moment de chicaner le pauvre genre humain sur les façons dont il se perpétue.

Lorsque Mademoiselle Jamais cherche, à coups de revolver, à parer d'un père les petits roseaux pensants qui lui sont poussés dans le marécage social, elle témoigne d'une sollicitude de surcroît qui fait honneur à son respect des lois. Mais sa besogne est remplie, et son instinct de femelle lui indique très bien que c'est du temps perdu. Ils sont là, les deux citoyens, nés, les deux hommes! La terrible nature est complice de deux des baisers qu'elle a reçus et rendus, à la rigolade, à son M. Toujours. S'il existait, ô Justinien, une loi qui dise en corse :

— La Société Française Républicaine ne reconnaît pas ce que les sociétés anciennes ont appelé : le bâtard. Elle en ignore. Tout homme né dans son sein est son fils d'abord, et ensuite, s'il y a lieu, celui de l'individu amoureux qui l'engendra. La Société Française ne connaît qu'une seule façon d'engendrer, qui est la bonne. De telle sorte que, la paternité étant d'abord recherchée, puis proposée à cet individu, s'il la refuse ou la conteste, il en sera délivré quittance, et l'enfant passera au compte de la Patrie.

Si cette loi existait, Mademoiselle Jamais, et bien d'autres filles-mères, ne se croiraient pas obligées de canarder, revolvériser ou vitrioler les Toujours lâches, ingrats et stupides auxquels elles ont fait la grâce de jeter le mouchoir pour qu'ils aient une occasion de travailler à la reproduction de l'espèce, et elles élèveraient leurs petits, paisiblement, avec l'argent de ce miché sérieux, l'État.

Et M. Toujours épouserait sa cousine.

II

Mercredi passé je suis allé à la Cour d'assises. Il s'agissait de faire plaisir à mon ami Paul Bourget, qui s'est mis en tête de me convertir à la Physiologie passionnelle et de me détourner de mes devoirs de chroniqueur. J'ai beau lui dire que je mourrai dans l'impénitence synthétique, il n'est pas de lapins analystes qu'il ne me pose. Au jour de l'an dernier, il m'avait envoyé un scalpel pour mes étrennes : je m'en servis pour couper mes cors, exclusivement. Mais rien ne le décourage. Il veut que je refasse *Adolphe!* Après toi, farceur!

Est-il nécessaire d'ajouter que je me prête de bonne grâce à sa manie, d'abord parce que je l'aime beaucoup, tant à cause de son beau talent que de son aimable caractère, et ensuite parce que j'espère toujours recevoir la révélation. Or, comme il est extrêmement malin, Paul Bourget avait choisi (j'allais dire commandé) pour moi au Palais de Justice une cause dans mes moyens, et il l'avait obtenue pour le mercredi 10 avril, à deux heures. Ah! il m'y prépara bien savamment, et d'abord par un déjeuner fin.

Le restaurant où l'appât de ce déjeuner fut tendu à mon innocence est situé sous le temple de Thémis même; il subodore dans le bleu de son ombre. Sur des rythmes familiers du Lutrin de Boileau l'âme de Brillat-Savarin y plane à petit vol. Les avocats en toque et en toge — graves et gais — prennent là leurs réfections discrètes. Chère exquise et vins charmants. Les chauves-souris se nourrissent de fleurs.

Pendant le repas, Bourget, qui excelle aux transitions, aux préparations et aux douces conduites, ne m'entretint d'abord que de la mort de Chevreul, une actualité, presque une synthèse. — Et les avocats s'en mêlèrent. Et l'heure venue, le café pris, ce fut à qui nous conduirait à la salle des assises par les méandres des couloirs, jusqu'au banc de la presse. Le banc de la presse, à la Cour d'assises, a ceci de parfaitement compris qu'il est encore le banc des accusés. Du fond, l'auditoire peut s'y tromper, et s'y trompe. L'entrée de Paul Bourget produisit une rumeur sourde; la mienne fut saluée d'un frémissement. Mais comme il s'agissait d'un procès d'amour, et comme encore il n'y avait dans ce procès qu'un seul accusé, le public ne tarda pas à fixer son choix entre nous deux, et ce fut l'auteur de *Mensonges* qui retint son attention.

— Que dis-tu déjà de cette admirable méprise? me glissa-t-il à l'oreille.

— Quel instinct dans ce peuple! fis-je. Si tu ôtais ta décoration, tu serais hué. Il n'y a plus qu'elle qui te préserve d'être reconnu pour le criminel. Les femmes te boivent des yeux.

A cet instant, le véritable accusé fut amené par les gendarmes. C'était un pauvre garçon d'aspect timide et résigné, prévenu de meurtre sur sa maîtresse. Il avait, en effet, sans connaître Chambige et sans avoir jamais lu le moindre roman physiologique, résolu de mourir avec elle, après deux ou trois bonnes journées de passion heureuse et satisfaite. Du reste, sa maîtresse était consentante. C'était elle qui était allée acheter le revolver, qui l'avait armé et avait fixé l'heure du départ. Cette heure venue, elle s'était assise sur une chaise, avait ouvert sa chemisette, et son amant avait tiré, en fermant les yeux. Puis, il s'était logé lui-même, et successivement, deux balles dans la poitrine. Mais le Dieu de pitié n'avait voulu ni de l'une ni de l'autre de ces âmes d'enfants, si puérilement fatalistes, et le couple, guéri et bien portant, n'attendait plus que l'acquittement pour s'épouser.

— Qu'il est beau! s'écriait Bourget, qu'il est beau dans sa simplicité tragique, ce petit roman de mœurs populaires! N'est-ce pas ici que nous devrions tous vivre, et ne te sens-tu pas, comme moi, dévoré du besoin de savoir par quelles gradations de sentiments ces deux jeunes gens, sans philosophie, sans instruction, sans idées même, en sont arrivés à la conclusion de cette double mort pessimiste? Ainsi pour eux, être naïfs, dépourvus de lecture, la solution de l'amour traversé est celle même de Shakespeare dans Roméo : « Mourir ensemble. » Cela leur semble tout naturel, et tu n'es pas stupéfait?

— Je suis de Paris, dis-je avec synthèse. Et comme il feignait de ne pas me comprendre : — Oui, ajoutai-je, de Paris, la ville des réchauds, —

et des chouberskys. Sur cinq cents cheminées qui fument dans l'air gris de la Seine, il y en a cent par jour qui fument sur un suicide. La vie est la chose à laquelle on tient le moins. Ton beau roman n'est même pas romanesque, et je t'en ferais l'analyse en deux mots.

— Fais-le donc.

— Eh bien! voici : ils se sont tués parce qu'ils s'embêtaient !

— Et l'amour?

— Mais, mon cher, l'amour n'amuse pas tout le monde.

Bourget secoua la tête tristement, et il douta de ma conversion.

— Tu as le théâtre incorrigible! soupira-t-il. Tu résumes tout. L'objectif te déshumanise!...

Pendant qu'il m'invectivait ainsi, l'huissier d'audience amena une jeune fille blonde à la barre. C'était la gentille ressuscitée du drame. Oh! une enfant de Paris, je vous en réponds, la frêle et grassouillette brocheuse de dix-neuf ans, avec son dandinement des hanches, ses frisons sur le front et l'embarras coquet de mariées qu'elles affectent. La toilette, c'était l'endimanchement des jours de friture au bord de l'eau et des pique-nique sur l'herbe, ces joies des petites gens. Attitude grave. Regards décidés. Voix douce et voilée d'un zézaiement. Du reste, son amant était bègue. Il sautait aux yeux que toute la volonté venait d'elle, et d'elle seule, et qu'elle avait l'âme de ces deux corps.

L'interrogatoire ne fut pas long, et le président vida en un tour de main le fonds de cet « éternel féminin » à la bonne franquette. Elle répondit :

— Je l'aimais. Je l'aime toujours. Il n'a fait que m'obéir en me tuant, et si c'était à refaire, il le ferait encore. Moi aussi !... Voilà.

Le président en restait béjaune, et mon cher compagnon n'en croyait pas ses oreilles. Quoi ! pas plus de subtilité que cela ? Aucune complication de sentiments connexes ou opposés ? Le simple fatalisme de la destinée, le stoïcisme antique et sans phrases des buveurs de ciguë ? Le : « Nous nous aimons, un point, c'est tout ! » des héroïnes tragiques à qui le crime est naturel et qui donnent le monde pour un baiser ?

— Ah ! ça, mais, gémit le président, est-ce que vous vous imaginez qu'on a ainsi le droit sur la terre de se tuer et de tuer les autres ?

— Je ne sais pas, monsieur, répliqua-t-elle modestement.

Alors il voulut aller plus loin, ce président de mon cœur, il voulut sonder ce mystère, pénétrer le vrai du vrai, le fin du fin, le subtil du subtil, et faire honneur au romancier qu'il savait dans la salle.

— Dites-moi, ma chère enfant, reprit-il d'une voix paterne, vous vous aimiez, vous étiez l'un à l'autre, personne ne contrariait vos amours sur lesquels votre famille même fermait les yeux. A quel mobile incompréhensible avez-vous donc obéi en décidant ce double meurtre, entre deux caresses?

Elle baissa un instant la tête, parut réfléchir et fit :

— On s'ennuyait !

Nous sortîmes, n'ayant plus rien à voir, ni à entendre dans cette sombre salle de justice humaine, où le Christ de Bonnat joue dans l'ombre un rôle si ridicule, et saigne on ne sait pas pour qui ! L'acquittement, d'ailleurs, était certain, et le public même avait à demi déserté l'audience avant le réquisitoire de l'avocat général. Cette cause pour lui n'offrait aucun intérêt, n'ayant rien de guillotinatoire, et n'étant établie que sur des faits auxquels il assiste tous les jours, soit sept fois la semaine.

Lorsque nous fûmes dans la rue, Bourget alluma la cigarette du penseur. Il était tout chose. Il était évident que la tranquillité extrême de ce drame, quotidien à Paris, la paix de conscience dont attestaient ses personnages, et le peu de littérature qu'il y avait dans les dépositions, déroutaient un peu son système. Certes! il reconstituait la jeune fille, mais il la reconstituait trop vite, beaucoup trop vite. On l'avait tout de suite. Elle ne donnait même pas une nouvelle pour la Revue de madame Adam. Sa petite physiologie tenait dans le creux de la main : il y en avait pour un franc cinquante.

— « On s'ennuyait!! » avait-elle dit, et elle s'était tue. Pas autre chose. On s'ennuyait!... On!...

— Qu'est-ce que tu ferais avec ça, au théâtre? fut le premier mot qu'il prononça, en jetant sa cigarette.

— Moi, rien. Roméo et Juliette seulement, si je pouvais. Mais il y faut être plus fort synthétiste que je ne le suis. Et toi, pour l'art de Balzac et de Stendhal, qui est le tien, y vois-tu quelque thème à prendre?

— Non, décidément. Il n'y a que le président qui est drôle. As-tu remarqué la drôlerie de ce président? Il n'en revenait pas de cette façon nouvelle de se chambiger, c'est-à-dire véritablement et sans phrases Peut-être qu'à Paris, Chambige ne se serait pas raté !

— Je l'ai toujours pensé, observai-je. A Paris, l'amour et la mort sont des BLAGUES sérieuses!

Et nous entrâmes chez Lemerre.

LA PEINE DE MORT CHEZ LES SAUVAGES

Dans celle des peuplades de l'Afrique ténébreuse que les explorateurs s'accordent à déclarer la plus féroce, et la plus idiote aussi, chez les abominables Pantagouriches, adorateurs de la mort, qu'ils nomment Moôbaâl, il y a une exécution capitale tous les jours. Cette exécution quotidienne est pour ainsi dire entrée dans les mœurs de la tribu; elle commence nécessairement la journée, car elle apaise la faim de la Mort et endort sa divinité mauvaise. La victime est dite : Pain de Moôbaâl.

Il est impossible de lire sans frissonner d'épouvante ce que le capitaine Van Taregreb raconte, en ses notes de voyage, du cannibalisme de cet holocauste populaire, et ma première pensée, je l'avoue, à la suite de cette lecture, a été de douter de la véracité du capitaine. Y a-t-il vraiment des Pantagouriches dans l'Afrique ténébreuse, et, s'il y en a, comment ne préfèrent-ils pas la société des chacals et des hyènes à leur propre société ? Voici ce que dit Van Taregreb, page 58 et suivantes de ses notes de voyage, Amsterdam, 1888. Je traduis (de mon mieux) du rocailleux néerlandais.

«...Quoique les Pantagouriches soient tous armés de remingtons, et malgré que le roi lui-même, Titu-Marou, un ancien photographe de Béziers, possède un petit canon Armstrong, présent de la reine Victoria, l'idée ne leur est jamais venue d'utiliser ces engins à la confection du cadavre journalier. Ce serait trop simple pour Moôbaâl et ils auraient l'air de faire des concessions à la civilisation européenne. C'est ce que Titu-Marou expliquait à un missionnaire presbytérien, venu à Pantagour dans le fol espoir de catéchiser ces brutes immondes.

— Ne vous y trompez pas, mon révérend, lui disait le photographe bitterois ; ce que mon peuple veut, c'est voir couler le sang, charcuter la chair humaine et gigoter les troncs !... Vous ne pouvez pas comprendre cette joie, parce que vous êtes chrétien d'abord et civilisé ensuite. Je ne parle même pas du prêtre qui est en vous. Mais pour le moôbaâlite dévot et pratiquant, il importe que la mort soit sale, torturatoire et vociferatoire. Ah ! vous n'êtes pas ici en France !

Et, comme le bon presbytérien insistait et cherchait au moins à préconiser la pendaison anglaise, qui, elle, est très propre : « — Non, reprit Titu-Marou, il n'y a rien à faire ici, croyez-moi. Et si vous voulez un bon conseil, allez-vous-en. Quand vous passerez par Béziers, vous m'obligerez d'aller voir ma famille et de lui dire que je m'embête !... Je crois que j'ai raté ma vie ! La place publique infecte dans ma capitale : elle sent le boudin et la tripe... Pouah !... »

Ainsi conte le capitaine Van Taregreb, que je m'efforce de bien traduire. Mais voici ce qu'il ajoute, page 103 et suivantes de l'édition illustrée :

« J'avais pu éviter jusqu'à présent d'assister à ces exécutions matinales, dont le succès croissant ne me cachait pas assez l'horreur. Mais Titu-Marou me fit avertir officiellement que l'heure était venue de me résigner à ce spectacle. — « Mon peuple gueule ! m'écrivait-il. Vous avez l'air de mépriser ses institutions. Allons, à demain, et du courage ! Vous êtes Hollandais, vous devez être froid. C'est pour trois heures du matin. »

» Le lendemain donc, à l'heure dite, je me rendis à la place publique.

» Tous les Pantagouriches étaient là, massés dans la pénombre du petit jour ; ils grouillaient formidablement. On me fit une entrée enthousiaste. Des jeunes filles m'embrassèrent ; d'autres me fleurirent de violettes, évidemment venues de Nice. On m'entraîna à la place d'honneur. On entendait des ululements sur les éminences voisines, et comme je demandais si c'était des carnivores, on me répondit que ce n'était que des amateurs-experts.

» L'aurore amoncelait ses lueurs roses. Déjà les formes des choses se dessinaient, vagues et tremblotantes, sur un fond délicieux de satin et de moire. Impossible à un Européen de comprendre comment, dans ce réveil exquis de la nature, Moôbaâl pût avoir faim ou soif du sang ou de la chair d'une créature humaine, fût-ce d'un nègre pantagouriche. Quels infâmes singes et pareils à ceux de nos origines, on rencontrait encore dans l'Afrique centrale, à cinquante lieues du Sénégal et des comptoirs de la civilisation ! Les guenons surtout étaient terrifiantes à voir. Exaltées, bavardes, les yeux pleins de flammes amoureuses, elles semblaient être dépouillées de toute pudeur, prêtes à l'oubli immédiat d'elles-mêmes, et surexcitées par l'attente du plaisir. Jamais je n'avais mieux saisi ni constaté la vérité de cet adage de la débauche, à savoir que la mort invite à l'amour. Et je vis la machine à tuer des Pantagouriches.

» Rien de plus grossier ni de plus initial que cet instrument, dont les Cafres eux mêmes ne voudraient pas pour abattre des bœufs. Imaginez une façon de potence double, au sommet de laquelle est suspendue une lourde masse d'armes, affutée en hache, et qui, décrochée, tombe sur un tronçon d'arbre à peu près comme le coupe-pain de nos boulangers quand ils détaillent la miche. C'est en effet le coupe-pain de Moôbaâl. Ses victimes sont hachées *coram populo* par cette machine élémentaire dont l'avantage, me disait Titu-Marou, est de faire gicler le sang très loin, d'en produire beaucoup et de satisfaire ainsi la férocité hurlante des braves sujets auxquels il commande.

— C'est absolument dégoûtant, m'exprimait ce prince, mais ils aiment ça! La hache attrape généralement le supplicié par la nuque et envoie sa tête, telle une balle élastique, à trois mètres des épaules. Il en résulte un ruissellement, des contractions, des spasmes, qui vous feraient rendre l'âme en Europe. Ici, c'est du délire. C'est à qui imbibera son mouchoir du fluide rouge, et, sous mon prédécesseur, ils en buvaient, comme chez vous mademoiselle de Sombreuil, en 93, pour sauver, eux aussi, leurs pères de la haine de Moôbaâl. C'est à peine si j'ai pu, depuis que je règne, mettre fin à cette exagération. Et encore y ai-je gagné une opposition à mon gouvernement. Le jour où je ficherai le camp d'ici pour aller à Béziers embrasser ma vieille mère, soyez sûr qu'ils recommenceront à en boire et à la tasse encore ! Il n'y a que le canon de la reine Victoria qui les intimide. Ce n'est pas des hommes, c'est une espèce à part, vous dis-je, des âmes de tigres dans des corps d'orangs. Ah ! je m'embête ici, capitaine, je vous en réponds !...

» Tandis que Titu-Marou me faisait part de ses chagrins royaux, la victime du jour apparut avec le soleil levant. C'était un jeune pantagouriche de vingt à vingt-cinq ans, qui paraissait être très fier d'arriver ainsi à la notoriété par le martyre. Il faisait visiblement de l'œil aux dames, qui elles-mêmes le mangeaient des yeux. La plupart lui envoyaient des baisers qu'il ne pouvait pas leur rendre, parce qu'il avait les bras liés au dos. A sa gauche marchait un bonze, qui lui chantait les louanges de Moôbaâl, et le jeune homme, par des mouvements d'épaules éloquents, avait l'air de répondre : « A qui le dites-vous ? »

» A droite, il était flanqué d'un autre personnage silencieux que je jugeai être célèbre dans la tribu, car sa venue avait secoué la foule d'un frisson d'enthousiasme. Je m'enquis de son nom. On me dit qu'il s'appelait Bou-rhô, mot qui signifie : « Portier de la Mort ». Je n'en demandai pas davantage. J'en savais assez, ayant vu la machine... »

Ici le capitaine Van Taregreb décrit dans tous ses détails, et avec le flegme d'un naturaliste éminent, l'exécution à laquelle il assista, à Pantagour, au fond de l'Afrique ténébreuse. Je renonce à traduire ce passage dont aucun lecteur de mon pays ne pourrait tolérer les tableaux révoltants, au moins sans indigestion.

L'égorgement du cochon, à Noël, dans nos fermes, son dépècement, son boudinage, sont des charcuteries moins hideuses que cette vivisection chez les sauvages qui n'ont même pas, dit Van Taregreb, l'excuse de l'anthropophagie. Voici pourtant comment il conclut :

— Je comprends, dis-je à Titu-Marou, que vous regrettiez Béziers et la chère photographie paternelle, car vous gouvernez là la plus atroce fraction de l'espèce humaine qu'ait jamais visitée un explorateur. Cette manière de tuer son semblable dépasse en monstruosité tout ce qu'on raconte des plus vils Hurons et des Indous les plus proches de la bête.

— On s'y fait, observa le roi. D'ailleurs il ne faut pas trop en vouloir à ces pauvres gens. Ils n'ont pas, comme les blancs d'Europe, des savants admirables qui leur enseignent les moyens de se supprimer sans douleur. Notre machine est naïve oui, très sale, j'en conviens, et honteuse, certes! Mais je me suis laissé dire qu'en France même on hésite encore à la remplacer de peur de déplaire au peuple. On a pourtant l'électricité, à Paris, et la tour Eiffel, capitaine.

— Et la tour Eiffel, sire, dis-je...

Est-ce que le capitaine Van Taregreb serait un farceur avec ses Pantagouriches! J'en ai eu le soupçon en lisant les détails de l'exécution de Prado, place de la Roquette, à Paris, France, Europe.

LA PEINE DE MORT CHEZ LES CIVILISÉS

S'il y a du comique en enfer, et il faut l'espérer, car, sans cela, l'enfer ne serait pas dans la nature, j'imagine que l'on doit y rire de drôleries pareilles à celle du voyage de M. Deibler en Corse, avec sa guillotine. Avez-vous suivi par la pensée cette ballade de la Veuve ? C'est à claquer des dents en se tenant les côtes.

Il s'agissait d'exécuter le bandit Rocchini, de Sartène, à Sartène, là-bas, là-bas, tout au bout de l'île de Colomba. Or nous ne possédons plus, en France, qu'un seul bois de justice, celui-là même qui sert place de la Roquette. Selon les nécessités et les urgences, et d'après la loi qui veut que le criminel soit puni exemplairement sur le lieu même où il a commis ses crimes, le bourreau transporte cet appareil national tantôt d'Epinal à Brest, et tantôt du Havre à Marseille. Cela donne à la peine de mort un côté touriste qui ajoute encore à son pittoresque. Et puis l'économie est réelle, M. Deibler ayant son parcours gratuit sur toutes les lignes, avec, par-dessus le marché, la franchise pour son sinistre colis. Enfin la Veuve se promène, comme un député en tournée électorale.

Elle devait cette fois être épousée à Sartène par un Corse dont l'erreur mortelle était d'avoir cru en Mérimée, le chantre de la vendetta. Mais il n'est pas très aisé d'aller en Corse. Cette île n'est reliée au continent, d'où lui vient la justice, que par de rares transatlantiques, à la vérité fort bien aménagés, mais qui y apportent peu de voyageurs et encore moins de civilisation. Si le banditisme lui-même n'y attirait point quelques ethnographes, ces beaux léviathans de la mer (je parle des transatlantiques) n'auraient pas besoin de toucher à Ajaccio ; ils pourraient filer tout droit sur l'Algérie, colonie plus heureuse.

Or donc, quand M. Deibler se présenta l'autre mercredi, dans le port de Marseille, au capitaine de l'un de ces léviathans et le pria de vouloir bien le passer, lui et son bois, à Ajaccio, ce capitaine, que je vois, ébaucha une contraction nerveuse du facies numérotée 136 au cahier d'expression de l'École des Beaux-Arts et attribuée, dans les concours, aux Grecs qu'on embête.

— Désolé ! monsieur de Paris, désolé ! Mais je ne charge pas de charpente ! Tout bois, fût-il de grume ou bien de marmenteau, comme dit notre grand poète Despréaux, doit passer par la compagnie rivale, celle qui fait le service de Livourne à Bastia, viâ d'Italie. Je ne prends, moi, que des ethnographes !...

— Mais à ce titre peut-être ?... sourit le malheureux exécuteur.

— Ethnographe, vous ? Ah ! vous ne le voudriez pas ! fit le capitaine. Et il lui tourna le dos, c'est-à-dire qu'il le lui opposa.

Restait le bateau qui fait le service de Nice à Calvi, et qui part quelquefois s'il n'arrive pas toujours. Mais outre qu'il fallait attendre quinze jours, le plus grand lunetier de France savait qu'une fois parvenu à Calvi, il était loin encore d'être arrivé. Il devait en effet, avec son bois, traverser à dos de mulet toute la Balagne et surtout le Niolo, province abondante en précipices, rare en routes carrossables, où les bandits foisonnent, armés de flingots terrifiants et déterminés à abolir la peine de mort en la personne de son représentant. Prendre cette voie, d'ailleurs admirable, c'était risquer de ne pas atteindre Sartène en ce

7.

monde, ou de l'y atteindre veuf de la Veuve, à moins qu'elle n'y atterrît elle-même veuve du veuf, ce qui, pour Rocchini, revenait au même. Les Corses, en effet, ne veulent pas entendre parler de guillotine. C'est leur idée, à ces braves gens, de nier le perfectionnement que le couperet apporte à la peine capitale. Ils consentent à être tués, mais non pas à être tronqués, et ils en avaient averti le gouvernement.

Et le bois de justice gisait sur le port de Marseille.

L'équarrisseur de la République, qui ne connaît pas l'Italie, ou qui la connaît mal, se déclara prêt et dispos à rejoindre Livourne par voie ferrée, en longeant la côte d'azur, et de là à joindre Bastia, quelque mauvaise que fût la mer. Il bravait l'animosité que nourrissent contre nous en ce moment les compatriotes de M. Crispi, et soutenu par son devoir, quelques cuirassés de l'escadre et la Providence, il se faisait fort d'amener sa charpente sur le môle bastiais, en face du Napoléon tout nu qui orne et domine cette position stratégique. Mais, hélas! ce Sartène est si loin, si loin encore de Bastia et la France a tellement négligé la Corse, que, du môle, il faut compter trois journées, dont une en chemin de fer et les deux autres en diligence, pour pouvoir s'y saisir d'un condamné à mort. Inutile d'ajouter que ce côté oriental de l'île professe à l'égard de notre sainte guillotine la même philosophie armée que le côté septentrional et que tous les autres côtés, d'ailleurs. J'aperçois d'ici le site enragé du Fiumorbo et j'entends le torrent splendide où la Veuve aurait piqué sa tête. Je dessinerais par cœur ce coin de nature pour l'*Illustration*, avec le raccourci plongeant du raccourcisseur.

Et le bois de justice gisait toujours sur le port de Marseille.

Jamais bourreau fut-il moins à la noce ? — Voilà ce que c'est que de négliger la Corse sous prétexte qu'elle « ne rend pas » aux élections ! Si elle était mieux pourvue de communications avec le continent et sillonnée de voix ferrées, on pourrait y guillotiner commodément, et une ou deux fois par mois, sans nuire au service des autres départements. Peut-être même nourrirait-elle moins de bandits dans ses montagnes. Mais elle ne communique avec le foyer civilisateur que par trois services espacés, dont l'un italien, et elle n'a qu'un railway, de Bastia à Calvi, qui ne traverse qu'un quart de l'île. Le reste est aux chèvres. Est-il bien étonnant que l'on y rocchinise ?

A la peine que M. Deibler a eue pour joindre le bandit de Sartène, on se demande s'il n'y aurait pas eu. épargne d'argent, de ridicule et de cafrerie à gracier ce scélérat ? Car voici la fin de l'odyssée de la Veuve. — Pour qu'elle pût être conduite en Corse, à ses fiançailles sartenoises, il a fallu un ordre d'Etat et la présence d'un procureur général, ni plus ni moins, en robe ! Puis il est arrivé ceci qu'on n'a pas osé, devant l'attitude de la population, débarquer, à Ajaccio, ni la chose, ni le monsieur, malgré la présence d'un régiment de ligne, utilisé là, par parenthèses, à une fichue besogne, et qu'il a fallu que le bateau gagnât la rade de Propriano, la plus proche de Sartène laquelle, quoique charmante et d'excellent mouillage, ne s'était jamais vue à pareille fête. Pensez, donc ! un navire français... enfin !... Là, ce navire fantôme a attendu la nuit pour jeter sur la grève, mystérieusement, comme de la contrebande, la honte de son chargement et la douleur de son capitaine.

Vous savez le reste.

Alors, pourquoi guillotine-t-on ?

Qu'est-ce que c'est, ô siècle de Pasteur et d'Edison, qu'est-ce que c'est que cet instrument d'expiation, absurde, grossier, sauvage, dont les zélateurs même de la peine de mort ont horreur, et dont tout le genre humain rougit ! Quelle est cette profession, ô Bottin, gagée par l'Etat, et dépourvue du costume écarlate, sa dernière raison d'être, si elle expose un Deibler : primo, au dégoût universel, sur terre et sur mer ; secundo, à être lynché par une population furibonde qu'il vient, en Hercule, débarrasser d'un Cacus ; et tertio, à de pareilles pérégrinations ?...

Les cheveux ne vous hérissent-ils pas à l'idée de cette ballade de la Veuve, courant en zigzags d'un bout de la France à l'autre à la recherche de ses amants sans têtes, et hurlant au bord de la mer à ce Rocchini qu'elle ne peut pas atteindre parce que les bateliers se refusent à la passer ?

A l'heure où cette bamboula de nègres ivres se danse dans la patrie du grand civilisateur des temps modernes, les États-Unis d'Amérique décrètent qu'à partir du 1er janvier prochain, les condamnés à mort seront exécutés par l'électricité, secrètement, en présence des témoins nécessaires à la constatation du décès. Foudroyés, voilà tout, en une seconde. Ils trouvent que la société n'a pas le droit d'en exiger davantage de la justice et qu'un scélérat n'a pas besoin, pour réintégrer le néant dont il n'aurait jamais dû sortir, qu'un concierge sanglant lui tire le cordon et lui ouvre la porte ronde de cet immense établissement. On le rend à la matière sans phrases et sans cérémonie, et on aide à la désagrégation de ses molécules par les moyens savants donc le progrès dispose. C'est plus propre que d'envoyer, du haut d'une estrade, des jets de sang sur les robes roses. Et puis, vous le savez, c'est plus certain, car, guillotinés, les canards courent encore, et ça, ça fait rêver tout de même.

Dernières nouvelles. Au moment de sceller cet article de mon sceau calibanesque, je reçois de Propriano une dépêche d'où il résulte que le bâtiment, qui (par ordre) nous ramenait la Veuve, vient de sombrer sur le récif des Sanguinaires. On dit que c'est la faute du capitaine. Je te crois !... M. Deibler seul est sauvé. Il demande à rentrer dans la vie privée. Au cloître, alors ?

...ET MÊME A BERLIN!

Le bourreau de Berlin en est un chouette, de bourreau. Il s'appelle Krauts, nous apprend le *Temps*, à qui j'emprunte le récit de ses mésaventures. D'abord, il vient de perdre sa place, car c'est une place que de couper le cou aux sauvages de la civilisation. Dans l'ordre social, le bourreau marche de pair avec un sous-préfet : il a six mille ! Si la situation s'obtenait au concours, je... Mais vous me faites dire des bêtises.

Il est vrai que chez nous le métier est plus aisé qu'à Berlin, ville où le fonctionnaire de la mort doit être expert et dextre au jeu de la hache. Dans l'empire bismarkien, on n'en est pas encore à la guillotine. On tranche la tête selon le vieux mode, et, comme sous Richelieu, ainsi qu'on fend du bois. En France, ai-je besoin de vous l'apprendre ? le bourreau, grâce à l'invention scientifique du « docteur », n'a qu'à tirer le cordon ; il n'est que le concierge de l'éternité, — et il a six mille ! Ah ! quelle place !...

Donc, Krauts hachait les cols berlinois. Nul ne le surpassait dans son art de bûcheron des troncs humains, et la vieille Atropos elle-même n'avait pas encore coupé le fil d'une vie avec ses ciseaux mythologiques que déjà la solution de continuité entre le cœur et le cerveau était effectuée chez le décapité : sa tête volait dans les assomptions de justice. La hache, fichée dans le billot, chantait la force et la dextérité, l'œil et le bras de Krauts.

Or, l'autre jour, on le dégomma. Dans une discussion — comment peut-on discuter avec un tel homme ? — il avait envoyé de tels coups de pied dans le ventre de son interlocuteur, que cet interlocuteur, crevé, en creva ! C'était l'un de ses aides. Et le maître y perdit sa place. Adieu, six mille ! Reprends cette gloire, ô vie privée !

Rentré chez lui, Krauts dit à madame Krauts :

— O ma chère, avec quoi désormais élever nos enfants ? J'ai, d'un biceps tranquille, tranché cinquante-cinq têtes de fils de femme, et tous leurs noms sont inscrits sur l'acier de ma hache, avec les dates de leurs rappels à Dieu ! Le gouvernement oublie ces cinquante-cinq actions d'éclat, et pour un malheureux ventre d'apprenti crevé il me reprend mon privilège, m'arrache mon brevet et me dévêt de mon écarlate. As-tu économisé?

— Non, dit-elle; je ne sais pas. Dans les grandes familles allemandes on ne nous apprend pas à être étroites. D'ailleurs, j'ai douze enfants.

— Tu devrais en avoir cinquante-cinq!... dit Krauts.

— Il n'a tenu qu'à toi! fit-elle, amère.

Alors, comme ils cherchaient à quoi ils pourraient utiliser les dons et facultés du chef de famille, l'excellente femme, inspirée par le ciel, posa la main sur sa Bible et s'écria :

— Hans-Mattheus, fais-toi équarrisseur.

Être équarrisseur! ne pas l'être!... Longtemps il rumina sur cette déchéance. Les animaux après les hommes? C'était fort dur. Mais il fallait bien pourvoir à la subsistance des douze êtres chers.

— Courage, Hans-Mattheus, disait-elle, notre fils aîné sera bientôt en âge d'hériter de ta hache et de lui ajouter quelques encoches glorieuses. Déjà, il la manie avec grâce. Hier, je l'ai surpris tandis qu'il s'exerçait. Il avait placé un saucisson de Brunswick sur le billot, et à tous les coups il pratiquait des rondelles. Sa précision m'a fait monter au front le rouge de l'orgueil maternel.

— Est-il possible? le cher enfant!

Or, tandis qu'ils devisaient ainsi, au coin de l'âtre, deux messieurs, noirs et blancs, c'est-à-dire corrects, se montrèrent à la porte, et, avec entre les dents, un fort accent américain, ils demandèrent :

— Monsieur de Berlin, *if you please?*

— C'est ici, fit la blonde épousée en désignant son laboureur de hanches, et elle se retira discrètement entre les giroflées.

J'ignorais — et le *Temps* me l'apprend — qu'en Prusse la hache et le billot, dont se sert le bourreau, sont la propriété de ce magistrat et lui appartiennent d'office. Ce sont ses outils, insaisissables, même à l'huissier. Il est permis peut-être de ne pas savoir ces choses, et je vous les enseigne telles que le *Temps* me les a révélées. Or, j'ai dit que la hache de Krauts était engravée de cinquante-cinq noms de décapités et des dates de leurs exécutions. De telle sorte qu'elle est illustre entre toutes les haches. Le Maître y tient, l'aime, et a toujours rêvé de la léguer à son fils aîné, avec le majorat, car c'est la pièce de famille. Jamais ce rêve ne s'était cristallisé davantage dans l'âme de ce bon père qu'au moment où les deux inconnus pénétrèrent dans sa maison fleurie.

— A qui ai-je l'honneur d'offrir ces deux sièges?

interrogea-t-il en poussant des escabeaux de bois.

Et ils dirent :

— Nous sommes les représentants d'une riche société américaine, — Américains nous-mêmes, — qui désire vous acheter vos outils de travail, soit votre hache célèbre et votre billot immortel. Faites votre prix. On paye comptant.

— Je ne comprends pas, dit Krauts.

Et, en effet, il ne comprenait pas. Ils réitérèrent leur proposition. Cette Société américaine était constituée « pour exposer les objets d'art produits par la peine de mort », depuis les ciseaux des Parques jusqu'à la plus récente guillotine. Ils possédaient déjà le couperet de Louis XVI, la hache de Charles Ier, la roue de Damiens, les quatre cordes de l'écartèlement de Brunehaut, les potences de Montfaucon, la ciguë de Socrate, et un fumeron du bûcher de Jeanne d'Arc, en tout, douze cents trente-huit pièces authentiques, de l'intérêt le plus considérable pour l'histoire de l'humanité. Cet intérêt s'augmente de ceci, ajoutèrent-ils, qu'aujourd'hui, en Amérique, nous nous servons de l'électricité. On foudroie les condamnés.

— Quelle horreur ! s'écria Krauts, épouvanté.

Les deux philosophes noirs et blancs sourirent.

— Oh ! maître, rassurez-vous. Dans vingt ans, ce mode d'exécution par l'électricité sera vieux jeu, comme les autres. La loi de « l'éternel devenir » aura préconisé la mélinite, par exemple. Dans cet ordre de recherches, la science de l'homme civilisé est inexhaustible. Pour tuer, on trouve toujours. Donc, cédez-nous votre hache et son billot, car nous collectionnons, et vos instruments de travail appartiennent cinquante-cinq fois à l'histoire.

— Vendre ma hache! gémit le dégommé, ma pauvre hache, ma chère hache, la hache de famille!... Et mon billot, mon doux billot, cœur de chêne strié et quadrillé de hachures rouges et qui jamais ne se fendit, où mon fils aîné, hier encore, s'exerçait, devant sa mère, à diviser des cervelas!... Vous n'y songez pas, gens d'Amérique.

— Votre prix est le nôtre.

— Elle n'en a pas, de prix! Elle vaut cinquante-cinq vies humaines, et allemandes qui mieux est; elle a fait plus d'un demi-cent de damnés; elle a lui cinquante-cinq fois, comme l'éclair, dans l'aurore, et y a produit autant de tempêtes d'hommes et de malédictions de Dieu. La vendre? Les vendre? J'aimerais mieux les offrir au fils de Guillaume Ier, l'empereur Barbeblanche, sous le règne duquel ils ont tant travaillé, elle et lui, la hache et le billot, son frère!

— En voulez-vous cinquante-cinq mille francs? insistèrent les amateurs.

Madame Krauts surgit d'entre les giroflées. Ah! Seigneur, qu'elle était pâle?

— Hans-Mattheus!...

Tel fut son simple cri. Ça, elle avait bien vu qu'il hésitait. On n'a pas douze enfants d'un homme sans savoir comment il s'y prend pour obtenir une surenchère.

Les choses en sont là, d'après le *Temps*. Krauts ne sait à quoi se déterminer. Tous les matins, les deux Yankees corrects vont savoir s'il lâche la hache et le billot, et ils ajoutent cent francs à l'offre de leur prodigieuse Société. Pendant ce temps, l'aîné des fils du professeur devient d'une habileté consommée. Il en est à la mortadelle. D'un pain de cette cochonnerie, il fait soixante-sept rondelles égales, sans excorier la peau, et minces, et minces! Les autres petits commencent à aller très bien. C'est sur les jambons de Westphalie qu'ils font leurs premières armes; ils y prélèvent des tranches plus fines que du papier de soie, et transparentes, véritablement. L'autre jour, madame Krauts est arrivée à temps pour empêcher le septième de scier la tête au onzième; fatigué de travailler *in anima vili* sur une cuisse d'oie de Poméranie, il avait empoigné son frère et l'avait couché sur le billot en cœur de chêne. Pendant ce temps, le quatrième, qui est le préféré du père et son portrait vivant, jouait avec le neuvième au jeu de l'aide, et il lui crevait gentiment le ventre à coups de pied. Tous les autres, armés des ciseaux de la trousse maternelle, se taillaient les poils sur la nuque et s'amusaient à « la toilette ».

On espère que Krauts prendra les cinquante-cinq mille francs pour acheter une charge d'équarrisseur et utiliser les talents et dispositions de ses rejetons.

POUR NOS PETITS

LA BONNE LIGUE

Il y aurait erreur à croire et bêtise à affirmer que tous les Français, sans exception, soient en ce moment abrutis par la politique. Non, ils ne le sont pas tous. Il en reste quelques-uns pour qui la question d'être ou de n'être pas boulangiste demeure oiseuse et qui ne perdent ni le boire ni le manger devant ce problème sternutatoire. Rares ils sont, je le sais, mais d'autant plus précieux au cœur du philosophe. Ah! qu'ils sachent qu'on les bénit!.. C'est grâce à eux, peut-être, que nous ne marchons pas encore sur la tête et qu'on ne charge pas le docteur Blanche de former un Cabinet.

Or, parmi ces êtres singuliers autant que consolants, pour qui la terre continue à tourner, se distingue le groupe des bonnes gens que M. Paschal

Grousset mène à l'escalade de l'antique pédagogie sorbonique. M. Paschal Grousset, Français terrible et doux, en veut à cette enfance bossue, bancroche, bistournée, phtisique et laideronne que nous fait l'Université, et il rêve de redresser les torses des jeunes clercs et des bacheliers. Quand on a une manie, il faut en avoir une bonne, et celle de notre redresseur de torses peut passer pour excellente.

M. Paschal Grousset part de ce principe que, dans nos lycées d'État, l'écolier travaille trop de l'esprit et pas assez du corps, c'est-à-dire qu'il ne « joue » pas suffisamment pour sa santé, et il en tire cette conséquence qu'il conviendrait d'équilibrer les deux exercices. Ce raisonnement a l'air très simple, parce que le docteur Blanche n'a pas encore été invité à composer un Cabinet; mais qu'on en vienne là, et Paschal Grousset sera enfermé, peut-être même dans un ministère?

En attendant, son idée a paru neuve, d'autant plus neuve qu'elle est vieille comme le monde, ou tout au moins comme la Gaule. On sait en effet que nos aïeux, en fait d'orthopédie, n'y allaient pas par quatre chemins, ni de main morte. Ils flanquaient impitoyablement dans le Rhin les petits qui leur naissaient mal conformés, de telle sorte que, chez eux, guerriers, bardes et druides, tous étaient beaux, sains et forts. Ils apprirent le latin cependant et même ils le parlèrent à César, quand cet homme d'armes vint leur emprunter le sujet de ses *Commentaires*. Vercingétorix observait le « que retranché » comme feu Lhomond lui-même et il eût traduit Horace dans l'intervalle de ses batailles, si cet auteur eût chanté de son temps.

M. Paschal Grousset, et, avec lui, nombre d'esprits éminents, ne croit pas que nous ayons tellement dégénéré de nos pères que la science du « que retranché » ne puisse s'acquérir aujourd'hui qu'au prix d'une méningite aidée d'une coxalgie. Il estime que les neveux de Vercingétorix sont de race à appliquer encore les lois obscures du verbe déponent entre deux parties de barres en plein air, et que le baccalauréat n'y perdrait rien à être potassé sans excès et préparé par un peu de paume et de balle au mur. Il dit que si les études classiques ne doivent servir qu'à multiplier les cas d'exemptions du service militaire pour cause de rachitisme et de consomption, il peut devenir dangereux de fabriquer, en serre et sous cloches, tant de cicéronistes ankylosés, de Pic rabougris de la Mirandole et de Blaise Pascal morts jeunes. Enfin il demande que, sur douze heures de clarté et d'oxygène, l'enfant français moderne, s'il en donne six à la civilisation, en consacre six autres à la nature.

Remarquez qu'il ne parle même pas de la famille. Il sait trop qu'elle est morte et que depuis longtemps il n'en reste qu'une phraséologie sentimentale sans intérêt pour la performance humaine. Qu'est-ce que la famille? — Rien. Que doit-elle être? — Moins encore. Il paraît qu'elle efférmine, la famille! Le père, individu vieux jeu, est un raseur à idées fixes qui n'est pas dans le train. Il croit encore aux dix-huit années de corruption, à l'éloquence de Jules Favre et aux coiffures à bandeaux. Il a fait son temps. La mère, c'est « la vieille », comme dans la correspondance de Flaubert. Quant à la sœur, ils disent : Et ta sœur? Finie, la famille! Aussi M. Paschal Grousset n'a-t-il rien pour elle dans sa Ligue de l'éducation physique. Je pense qu'il y a réfléchi et que cet oubli est systématique. Il faut être de son temps puisqu'on ne peut pas, hélas! être des autres.

Toujours est-il que cette ligue prospère et qu'au milieu du byzantinisme effroyable où nous nous enlisons, on peut au moins se rattacher à une œuvre de bien, digne de l'âme française et féconde en résultats. En voilà une, de réforme, ô vous qui demandez ce que ce peuple veut de vous. Tout le progrès social est dans les essais de ce genre. Mais il a fallu qu'un Corse s'échappât de la Nouvelle-Calédonie à la nage pour qu'on s'aperçût que notre système d'éducation est stupide et qu'il nous tue nos enfants.

Par une chance, plus inespérée peut-être que cette évasion dans une baie de requins, M. Paschal Grousset avait trouvé en Édouard Lockroy un ministre véritablement intelligent et dévoué à l'intérêt national, lequel, saisissant tout de suite le côté pratique de la réforme, s'était mis à l'appliquer sans retard. Tous les matins, les recteurs à houppettes et les proviseurs à lunettes recevaient de la rue de Grenelle un arrêté ministériel leur enjoignant de modérer leurs fureurs latines et d'organiser immédiatement dans les cours de récréation l'un des jeux hygiéniques dont la liste suivait. Ah! ce Lockroy, il était adoré des potaches! Les infirmeries se vidaient, et, dans les réfectoires, on redemandait des lentilles!...

Quelques jours avant son départ, ce ministre idéal de l'instruction publique, et le seul qu'ait eu la France, s'avisa de penser que, puisque les calicots trouvaient le moyen d'organiser aux Tuileries des parties de ballon admirables, les potataches, eux aussi, pouvaient bien utiliser ce beau jardin et même tous ceux dont la ville dispose.

Le 16 janvier dernier, il leur octroyait les allées latérales de la terrasse des Feuillants et le carré de verdure de l'allée Solférino. Ils eurent encore, par le même arrêté, le jardin réservé du palais de Saint-Cloud, qui est à l'État, puis un peu du Luxembourg et beaucoup du Bois de Boulogne. Volez, balles; roulez, cerceaux; frappez, raquettes et crosses! Faites-vous des joues roses, nos chers petits, des membres souples et des poumons en soufflets de forges! Plus heureux que vos pères, vous aurez d'autres exercices que de flanquer des *Gradus* à la tête de vos pions et de tourner mélancoliquement, trois par trois, autour des cours humides, puantes et mornes, des vieilles casernes de l'Université.

Tout ce qui concerne l'enfant m'intéresse et me passionne, car c'est par lui qu'on se sent vivre. Il est l'honneur du supplice bête de la vie. Inutile donc de vous apprendre que, moi qui ne suis de rien, pas même d'une Société de tempérance ou d'art, je suis membre de la Bonne Ligue ; je marche sous l'étendard de cette gilde des joueurs de ballon. Vous lirez mon modeste nom entre ceux des fondateurs. La meilleure plume de Caliban est sa plume pour gosses. De telle sorte qu'au premier signe de cet exquis communard de Paschal Grousset je me suis affilié. Je n'avais pas d'autre moyen d'ailleurs de prouver, chez moi, que je ne suis pas vieux jeu comme père de mon temps et qu'on peut encore s'entendre avec moi.

Une autre considération m'a aussi déterminé à me vendre à la Bonne Ligue, et c'est l'affection bougonne mais sincère que j'ai toujours pour cette grande braque de Marianne, à qui l'on fait commettre tant de bêtises, sous prétexte qu'elle a le cœur sur la main et la main tendue. L'éducation dite libérale qu'elle oppose à l'éducation religieuse, cette pédagogie soi-disant aérée, dont l'Université garde le monopole, elle ne satisfait même plus les pères républicains et franchement progressistes. Ces pères sentent qu'il y manque quelque chose, et quelque chose d'aussi important que la science, d'aussi fondamental que la base philosophique. Ce quelque chose, c'est l'HYGIÈNE.

Nos lycées sont, à Paris du moins, d'antiques bâtiments mal aménagés, mal distribués, mal meublés, sans espace, sans air, et détournés de leurs affectations d'oirgine. Ils ressemblent à ces caques à harengs dont on fait des pots de fleurs. Etablis sur des terrains dont le prix a centuplé et qui, vendus au mètre, vaudraient aujourd'hui des millions, ils ne peuvent ni s'approprier largement aux besoins nouveaux, ni s'étendre, ni répondre aux nécessités d'exercice physique dont la loi

s'impose de plus en plus à notre race abâtardie.
Or il se trouve que dans les collèges religieux,
ceux des Jésuites entre autres, toutes les conditions
hygiéniques réclamées par l'angoisse de la famille
moderne sont amplement satisfaites. Chez les
Jésuites et autres congréganistes des ordres enseignants, l'enfant ne sort d'une classe confortable
que pour s'élancer dans les jardins charmants où
il s'ébat, se fortifie et s'enivre de la joie des jeux.
Les révérends eux-mêmes, soit par discipline, soit
par goût naturel, se font, là encore, les éducateurs de leurs élèves; ils leur enseignent à se
distraire, ce qui est la science la plus difficile
peut-être qui soit pour l'homme grand ou petit,
ils paient de leçons et d'exemple.

Il en résulte que les pères les plus libéraux
établissent malgré eux une comparaison entre les
deux systèmes, et que, pour peu qu'ils y soient
incités par des mamans inquiètes, ils ne tardent
pas à sacrifier leurs convictions à l'intérêt de leur
progéniture, et qu'ils lâchent la République. Il y
a des communards farouches, des communards
devant qui Paschal Grousset lui-même serait un
tiède, qui ont leurs enfants chez les Jésuites!...
Pourquoi? parce qu'on y joue à la balle, chez les
Jésuites, au cerceau, aux barres, aux échasses, au
ballon, à la paume, au crocket, au cricket, au gouret,

à tous les jeux de la Bonne Ligue préconise. Eh bien ! ô Marianne, qu'elle nous les donne, ton Université de malheur. On n'ira plus tant chez les autres. Voilà pourquoi je suis de la Ligue, la bonne.

LA RÉFORME DE L'ORTHOGRAPHE

Peut-être cette réforme serait-elle plus utile que l'invention d'un nouveau fusil, dites? Mais n'en badinons point, les lexigraphes nous regardent! Ils s'agitent beaucoup, en ce moment, les bons lexigraphes! Guidés au combat par leur terrible chef, M. A. Darmesteter, ils montent à l'assaut de l'orthographe française, une tour rébarbative, hérissée de tessons de bouteilles. Que le Dieu de Voltaire (j'ignore son nom) leur vienne en aide, car le donjon qu'ils attaquent est une absurde quiquengrogne de bêtise et, qui pis est, une prison.

M. A. Darmesteter, bien connu des poètes et des lettrés par sa haine pour les lettres chuintantes, lance donc, dans une brochure pédagogique, un nouveau brûlot contre l'orthographie française. Il demande qu'on en simplifie les difficultés, qu'on en revise les lois anormales et qu'on s'acharne contre ses routines. Il est indiscutable, en effet, que notre langue est, entre toutes les langues, celle dont les mots, la syntaxe et la graphie offrent le plus de difficultés. Elle vit d'exceptions. On ne sait comment apprendre aux enfants à écrire, tant les règles qui la gèrent se contredisent, se nient entre elles et font bouillie pour les chats. C'est chez nous qu'on entend les instituteurs dire à leurs élèves, gravement : Telle règle grammaticale est immuable pour tous les mots de l'ordre qu'elle vise ; mais elle n'est applicable à aucun d'eux et si vous aviez le malheur de l'observer, je serais forcé de jouer de la férule sur vos engelures.

Vous connaissez la vieille plaisanterie d'atelier sur la langue anglaise ? L'anglais est un langage à la fois parlé et écrit qui consiste à prononcer « Liverpool » quand on lit « Manchester ». Eh bien, nous avons tort de rire de nos voisins, car la différence chez nous est encore plus grande entre l'image des mots et leur vocable. On a remarqué que les enfants qui apprennent le plus vite la pratique de l'orthographe sont les enfants menteurs.

L'ennemi des lettres chuintantes, M. A. Darmesteter, revient donc à la charge après tant de braves gens, héroïques amis de l'enfance et bons patriotes, et il propose deux mesures de progrès à l'Académie : 1° La suppression des doubles valeurs de l'alphabet ; 2° celle des lettres inutiles et non prononcées. Nous donne-t-il sa tête en échange ? Ça vaut ça par le temps de routine qui court.

On n'a jamais su, ou si on l'a su on ne l'a jamais dit, pourquoi Jules Vallès, grand artiste de prose française, et qui vaut Bossuet, s'était fait communard. Qu'allait-il faire dans cette galère, lui qui ne vivait que pour les Lettres ? Eh bien, voici. J'en tiens l'aveu de lui-même. Il me le fit un jour, dans sa maison de Tavistoc-Square, à Londres. Il avait la haine de l'orthographe !

— Une société, s'écriait-il, où l'on prononce « kaôtchou » et où l'on écrit « caoutchouc » est une société fichue, et qui finit comme la Chine, moins les bronzes ! Nous en sommes au mandarinat. Toi, tu es un mandarin, tu tresses ta queue en nattes, et tu y mets des boules de jardin en verres de couleur. Moi, je veux une langue pour les truands, claire, transparente, avec des mots en cristal de roche, au travers lesquels on voie l'idée ! C'est pour cela que j'ai fait des barricades.

Pauvre Vallès ! il est parti sans avoir vu ses mots en cristal de roche. Il était du pays où l'on chuinte, de l'Auvergne, ô M. A. Darmesteter, où les chouettes elles-mêmes prononcent fouchtra ! Car si vous détestez le chuintement, Vallès l'abominait. Il en est mort, Bakounine du lexique, incompris des autres nihilistes et pris par eux pour un réformateur de lois, lui, l'artiste !

Vous en mourrez aussi, monsieur le lexigraphe, car les jours sont loin où l'Académie officialisera l'orthographe rationnelle de « kaôtchou ». Pendant bien des années encore, les truands de Jacques Vingtras, ignorant les secrets de la formation savante des mots, diront comme ils disent: « Caillou de chou », et ils croiront ainsi désigner clairement cette substance.

Personne en France ne sait l'orthographe, telle est la vérité, et M. Renan lui-même s'y reprend à deux fois, soyez-en sûrs, quand il se trouve en présence de certains mots formés de superpositions gaëliques, welches, normandes et patoises qui ressemblent à des végétations parasites de moules sur un rocher. Aucune science ne guide, aucune logique non plus, ni rien du tout, dans cet art d'écrire correctement les hiéroglyphes du ramage français. L'instinct même n'y suffit pas et le génie y perd souvent sa boule de mandarin. Il y avait des jours où Théophile Gautier, étourdi d'écrire et comme halluciné par une course d'obstacles sur la piste du style, me criait, de son bureau, à travers la porte :

— Y a-t-il une *h* à dentiste?...

Vous avez tous, lecteurs, quelques mots rebelles que vous ne pourrez jamais tracer d'emblée sans l'aide du dictionnaire et qui jouent, en vous, à cache-cache avec l'idée qu'ils évoquent. Pour mon compte, c'est l'horrible mot Budget. Jamais je ne me rappelle s'il prend un *g* ou un *j*, et même pour l'écrire ici j'ai été obligé de le chercher. Son chuintement m'échappera toujours, je m'y résigne.

Si M. A. Darmesteter parvient à imposer sa réforme bénie à l'Académie, on l'écrira budjet avec un *j*, comme on le prononce, et je ne me tromperai plus. Je vendrai mon Littré, comme les écoliers en vacances, et j'irai faire la noce avec le produit de ce recueil d'inconséquences séculaires. Je boirai même un coup à la santé du brave lexigraphe, et deux en souvenir de Jules Vallès, le révolté de l'orthographe française.

LE PRIX RAPHAEL BISCHOFFSHEIM

Ah! écoutez, on voit des choses bien étranges!
De Nice, où l'Europe le croyait occupé à ne pas quitter la lune des yeux, le grand astronome honoraire Raphaël Bischoffsheim — encore un juif, ô Édouard! — vient d'envoyer cinq mille francs à notre ministre de l'instruction publique et obligatoire!

Le chèque est arrivé rue de Grenelle au moment où Lockroy montait en voiture pour aller encourager n'importe quoi, mais quelque chose, car son métier n'est pas une sinécure. Il dut signer le reçu de la poste dans un courant d'air et sur son genou, avec un crayon rouge prêté par un censeur qui passait.

Fait bizarre et désormais historique, le chèque

était inexpliqué. Il n'y avait dans l'enveloppe que le chèque et une carte de visite sur laquelle on lisait : « Raph. Bisch. » — Comme c'est bien ça, les astronomes! Or, le premier mot de Lockroy, quand il fut revenu de sa surprise, étant un de ces mots qui signent le ministre de race, je vous demande la permission de vous le citer pour vous réjouir.

— Peuh! cinq mille francs! s'écria-t-il, je ne sais pas pour quoi c'est faire, mais c'est bien peu!

Et son embarras commença. A quel emploi, dans l'idée du Copernic niçois, pouvait bien être destiné ce maigre chèque, expédié et offert sans explication à un ministère français, pauvre assurément, mais honnête? Et Lockroy se creusait la tête, en proie à des pensers perplexes.

Quand Lockroy se creuse la tête, en proie à des pensers perplexes, il me fait appeler. Je n'ai plus à cacher à personne, puisque tout le monde le sait à présent, que je suis l'Eminence Grise de son ministère. Il agite son mouchoir à la fenêtre de son cabinet et j'accours. C'est convenu. Ayant donc aperçu le signal, je passai rapidement un faux-col et, en dix minutes, j'étais rue de Grenelle.

— Déchiffrez cette énigme, me dit-il en me jetant le chèque et la carte.

— C'est bien simple, Excellence, fis-je. Voici. Le

rapport de M. Henry Maret sur les théâtres est déjà arrivé en province. L'excellent Raphaël de Bischoffsheim l'a dévoré, au clair de sa lune. Il a été touché jusqu'aux larmes de ce que le rapporteur dit de l'Odéon et de son directeur modèle, et il vous fait parvenir les cinq mille, effets et résultats de son émotion.

— Pas possible! exclama Lockroy. Et bondissant à son télégraphe personnel, il lança vers la ville des Fleurs cette question électro-aimantée :

— « Est-ce pour le Second Théâtre-Français? »

La réponse ne se fit pas attendre. Elle était brève autant que décisive.

— « Non », disait-elle, et « au contraire ».

— Vous baissez! me jeta le ministre sévère.

Mon Eminence Grise avait son paquet et elle préparait une retraite décente, lorsque la sonnette du télégraphe personnel tintinnabula de nouveau, emplissant l'air des aromes de l'oranger et de la violette. La communication avec Nice était rétablie, et voici la dépêche que le papier de Morse déroula :

« Nice, 27 octobre 1888. De mon observatoire, l'œil à mon tube, en vue de la lune.

» Ministre Instruction et Surmenage.

» Suis juif et astronome, mais *homo sum!* Dites à Drumont que j'ai lu Térence!

» Enfants trop malheureux dans collèges. Pas d'exercices physiques. Rachitisme. Rabougrisme. Étiolement de la race. Pas de revanche possible. Chance plutôt de retripotée.

» Aperçois en ce moment dans la lune des enfants. Beaux. Forts. Souples. Admirables. Ils ne savent pas le latin. Mais tirent à l'arc. Dans le noir à tout coup. Les propose en exemple. Vous, ministre républicain, progressiste, vous, Lockroy! Compliments, mais soyez-en digne. Mets cinq mille francs à votre disposition pour fonder prix, le prix Raph. Bisch.

» Consiste à encourager dans lycées d'État (sales boîtes) exercices physiques, jeux, courses, marches, gymnastique. Zut pour vieille pédagogie française! Zut pour Sorbonne! Zut pour bachot! Escrime, boxe, équitation et vélocipédie, à la bonne heure. Faire des enfants de bronze, amusant! Les tremper d'acier, nécessaire! Université cultive seulement platine. Aille au diable!... »

Tic, tic, tac, tac, tac, tic tac, tac, tac, tic !... Le papier de Morse se déroulait toujours! Nous nous regardions, Lockroy et moi, confondus de cette verbosité télégraphique et philanthropique autant que de la fantaisie amusante de ce prix Raph. Bisch., fondé par télégraphe. Ces enfants modèles, aperçus dans la lune, qui remplaçaient l'art de

Cicéron par celui de Guillaume Tell et de Chactas, ces enfants fabuleux qui pouvaient vivre, que dis-je respirer, dans une planète habitable sans observer la loi du Que Retranché et sans placer correctement l'Esprit rude de l'accentuation grecque, il les voyait au télescope! Il en existait! Il y avait un lieu cosmographique, sous l'œil élément de Dieu, où de jeunes créatures évoluaient dans leur milieu propre et s'activaient naturellement, ne s'atrophiant pas dans le gaz des colles, n'étant pas toujours assis, toujours penchés, toujours entassés et toujours gavés de science morte comme une oie est engraissée sans boire? Ah! c'était une belle découverte, et Lockroy, tout épanoui, ne put s'empêcher de dire :

— On se croirait en Angleterre!

Le télégraphe repartit, tic, tic, tic, et le bon parfum de la flore méditerranéenne, chargé des effluves iodés de la mer d'azur, s'accrut dans le cabinet ministériel.

« Malgré longueur de cette dépêche, suis pauvre. Peux pas faire plus que cinq mille. Tachez taper Rothschild. Question vitale pour patrie française, que j'aime. Dites à Drumont que j'aime patrie française! Si pédagogue contemporain trouve moyen de réaliser idéal suivant d'éducation : un Lamartine qui serait un Léotard, ou un Victor

Hugo-Pasteur-Arpin, y a cinq mille pour lui. C'est toujours ça. Rothschild fera le reste.

» Demande pas que, à l'instar des vieux Gaulois, on fiche à l'eau contrefaits, bancroches, bossus, manchots, même vieillards ayant cessé de plaire. Non. Ni juifs non plus. Veux aération des collèges. Égalité des exercices intellectuels et physiques. Juste proportion. Moitié latin, moitié trapèze. Si professeur donner pensum de cinq cents vers à copier, le dimanche, par beau soleil, professeur guillotiné. Canaille !

» Oui, ai lu Térence, Meilhac latin ! Mais ai lu aussi très bon livre de M. Philippe Daryl, que vous recommande. Intitulé : *Renaissance physique.* Chez Hetzel. Trois francs cinquante. Il fait la remise. Plein de vérités pratiques, ce bouquin-là. Fanatique d'éducation anglaise. Oublie un peu les pensions et les petits martyrs de Dickens, mais ça ne fait rien. Très bon bouquin ! Si Lockroy malin, décorera auteur au jour de l'an, quoique communard. Dites à Drumont que fais les frais.

» France reprendra sceptre du monde si race aussi forte et aussi belle qu'intelligente ! Ai pas le temps de développer proposition. Fais présent du thème à ministre pour discours. Gratis, bien entendu.

» Résume. La lune se cache. Nuages. Vois plus

les petits tireurs d'arc. D'ailleurs suis attendu à Monte-Carlo, pour le lever d'autres étoiles, dont suis toujours très friand. Ai l'astronomie gaie. Dites à Drumont que j'ai l'astronome gaie.

» Donc, très simple. Fonde prix Raph. Bisch. Tiens à son nom. Cinq mille pour brave homme qui aérera l'éducation nationale. Développement égal et normal du corps et de l'esprit, tel est le programme. Si somme pas assez forte, conseille de prendre subvention de l'Odéon, établissement inutile. Nuisible peut-être. Imagine volontiers le monument converti en gymnase, et Porel en sous-préfet. — RAPHAEL BISCHOFFSHEIM. »

— Il y a cinq cent dix-huit mots dans cette dépêche, observa Lockroy, pensif, et plus ému qu'il n'eût voulu le paraître.

— Pardon, Excellence, retorquai-je respectueusement mais avec fermeté, il n'y a que cinq cent quinze. « Victor Hugo-Pasteur-Arpin » n'en forment qu'un seul, si toutefois j'ai bien compris la pensée de l'expéditeur. Quant au prix Raph.-Bisch., il est déjà gagné et vous n'avez qu'à m'en verser le montant : il est à moi !

— Comment cela ?

— Pour que les enfants français soient heureux au collège, il n'y a qu'un moyen et je l'ai trouvé — c'est de ne pas les y envoyer.

CALIBAN DANS SA STALLE

LES ROHAN-CABOTS

L'un de mes confrères, généralement bien informé des choses de cabotinage, raconte que le comité de la Comédie-Française avait, dans l'ombre et le mystère — *ad augusta per augusta* — comploté d'empêcher Coquelin de jouer la comédie EN FRANCE!!! Sacrebleu! il leur fait donc bien peur? Interdire à un artiste l'exploitation de ses talents dans son propre pays; mais c'est le bannissement, messeigneurs! Est-ce qu'ils deviennent fous dans la boîte à Molière?

Toujours est-il que M. Claretie, dit *Chèvre et chou*, est (ô miracle!) intervenu. Les voyant animés de sentiments inavouables pour leur ancien camarade, dont le plus grand tort, à leurs yeux, est moins encore son talent que sa fortune, ce directeur aurait saisi dans la défroque de feu Émile Perrin la vieille discipline de Tartufe, et il aurait rappelé ces enragés sociétaires au sentiment de leur... privilège! Allons, Claretie se forme et le chou mangera la chèvre!

Adonc le conseil judiciaire de ces illustres comédiens d'État, que j'ai appelés, pour les distinguer des autres : les Rohan-Cabots, s'est réuni à l'appel de Claretie, et l'Édit de Moscou ayant été tiré de sa gaîne d'or, les gens de loi l'ont relu pour la six cent quatre-vingt-douzième fois, sans cracher, devant les héritiers de Môssieu Talma et de Mamzelle Rachel! Il résulte de cette six cent quatre-vingt-douzième lecture d'un papier inepte, suivie de sa consultation, que Coquelin a le droit d'exercer son art dans sa patrie, *sauf à trente lieues à la ronde autour de la capitale!*

Parle encore, ô mon empereur, parle toujours! Pourquoi ces cent vingt kilomètres?

Parce que ce Coquelin, après avoir été de la maison, n'en est plus. Parce qu'il a jeté le peplum aux orties. Parce qu'il est allé gagner un ou deux millions en Amérique, au lieu de moisir sur sa part entière. Ah! tu veux être moderne, renégat, et tu plantes là les pauvres bougres de ratatinés qui triment du cothurne dans le répertoire, les lugubres derviches de l'alexandrin hurlatoire, les mélancoliques galvanoplastes des routines crevantes que l'État subventionne en pleurant! Tu fiches ton camp dans la roulotte de Thespis, tu échappes à Sarcey et te bats l'œil de Louis Quatorze!... C'est bon. Arrive! A trente lieues, en rond, de Paris, tu n'as pas le droit de t'exhiber sur les tréteaux professionnels. Tu peux jouer à Dijon, mais à Meaux-en-Brie, non pas!

— Qui dit cela?

— Bounaberdi d'abord, puis son état-major, Duroc, Berthier, Roustan, Cambacérès et les autres. Et voilà comment on te pince!

En conscience, voyons, ne trouvez-vous pas que cette institution, placée sous l'invocation d'un cocu, et réglée par un soudard, n'a plus de monumental que sa bêtise? A quel chiffre de passe-droits abominables et de coq-à-l'âne honteux reconnaîtra-t-on la nécessité d'une réforme que tous les lettrés français s'épuisent à demander à la République? Qu'est-ce qu'ils nous veulent, les Rohan-Cabots? Où mène-t-il, cet Édit glorieux, qui permet à sept ou huit histrions officiels de tracer un cercle de trente lieues autour de Paris et de décréter qu'un de leurs camarades ne pourra pas franchir ce cercle? Ah! c'est inouï! Faut-il encore que Coquelin, tel un lépreux, s'habille de vert et se munisse d'une crécelle?

Si nous sommes tout à fait dans Byzance, que les Turcs viennent, et que ça finisse.

L'autre jour, lorsque « chèvre et chou », toujours au nom de l'Édit, a fait défendre par huissier à Talbot (à Talbot, à Talbot, à Talbot !...) de créer un rôle au « Vieux Théâtre » de l'ami Livet, les monts Himalaya se sont tordus de rire sur leur base! Le bon Talbot est lui aussi un ex-sociétaire, et s'il avait joué, tout flambait! Plus d'Édit! Plus de Moscou! Plus de retraite de Russie! Les Rohan-Cabots étaient atteints dans leur Rohan-Cabotinisme. Talma sortait de sa tombe et il imprécait, peplum au vent.

— Tu n'es plus Talbot. Tu l'as été, quand tu l'étais. Hors d'ici, à trente lieues, en rond! Coquelin nous guette.

... Et Talbot, effrayé, fuyait devant Talma!...

Telle est l'institution. L'Europe nous l'envie. Mais plus souvent qu'elle nous la prenne! Cela lui serait pourtant bien facile. Du reste, vous la voyez fleurir, que dis-je, fructifier! Grâce à ses règlements merveilleux, elle entasse plus de gaffes qu'il n'y a de jours dans l'année. Son conseil des Dix (dix notaires) passe le temps à se repasser des faux-cols, à essayer des cravates blanches, à s'ajuster devant la glace à la Légion d'honneur, ou à se poser des lapins de chou... ou de chèvre. C'est à qui sera le plus collet-monté, le plus rentier, le plus contribuable. Quand ils vont dire la messe de Molière en ville, ils emportent et rapportent les burettes du culte; encore ne se dérangent-ils que pour les grandes familles ou les grands malheurs du royaume, sur un ordre exprès du ministre qui les paye, dûment revêtu de sa griffe. On ne les déplace pas. Inamovibles, irrévocables, rivés à leurs fauteuils, ils appartiennent à l'hospice, et veulent qu'on y meure. Ils propagent sous eux le verbe du grand cocu; dont le sens, d'ailleurs, leur échappe, et qui les embête, oh! qui les embête! et comme ils savent qu'ils en sont pour leur vie entière, ils ne veulent pas que les autres échappent à l'emmoutardement, et ils défendent à Talbot de déchoir!

A Coquelin aussi.

Et de même à Sarah Berhnardt.

Ils ont tué cette dernière avec tranquillité, dans la fleur de sa jeunesse, et dans sa force, et grâce à l'admirable Édit qui leur fait une vie de Quinze-Vingts et leur assure le petit chien des vieux jours, ils ont étouffé le génie de cette femme et l'ont réduite à l'exportation. Elle en est aux cinq sous du Juif Errant, c'est Ahasvéra Bernhardt. A quel ministre de quel gouvernement dirons-nous que, par cette persécution des Rohan-Cabots, les lettres françaises sont restées en friche pendant dix ans et que c'est l'art dramatique qui a payé les frais de leur rancune? Personne ne nous entend et je reste seul à gueuler, comme l'orfraie, sur le toit de cet asile de gagas. On me répond sottement que je plaide ma cause. En est-elle plus mauvaise? Suis-je donc l'unique victime du veto de produire, de travailler et d'être, que l'État nous oppose, par le truchement des grands prêtres du cocu? Est-il venu, par l'institution, d'autre dramaturge que moi à l'école contemporaine, et quels sont les jeunes comédiens qu'elle a produits, ô Roustan! ô Cambacérès! ô Talma! ô Bounaberdi! par le système de la moliérolatrie exclusive, de ses offices et vœux éternels!

A présent, ils vont tuer Coquelin. Le tueront-ils? Je n'en sais rien. Je l'ai connu solide au temps où je le suivais de plus près qu'aujourd'hui, et, si je crois ce qu'on m'a dévoilé de ses intentions, on verra d'assez beaux coups de reins sur le tapis rond de trente lieues. Cet homme est, lui aussi, dans l'épanouissement de sa force, plein de combativité naturelle et fort riche. En outre, malgré des défauts d'orgueil, qu'aucun de ses rivaux n'a le droit de lui reprocher, c'est un parfait honnête homme. S'il lève l'étendard de la révolte contre les Rohan-Cabots, il aura bien du monde avec lui, car la nausée est venue de ce vieux prytanée de favoris septuagénaires, de prébendiers avares et de blagueurs du grand art ; la boîte aux reprises a fait son temps.

Coquelin, qu'ils tarabustent parce qu'il les a lâchés dans leur marasme et s'en est allé courir le monde, ne se laissera pas mettre les poucettes et reconduire à la frontière des trente lieues. Il démontrera facilement qu'en République, et en République française, aucun édit d'aucun législateur ne doit empêcher un citoyen français d'exercer son art, son métier ou sa profession, et que c'est cela qui fait qu'on est libre.

— O chèvre et chou, s'écriera-t-il, dites-le, vous qui le savez ! On a pour cinq cents francs, devant un piano, ceux qui me reprochent d'être allé en Amérique. L'Edit craque de tous les côtés. C'est l'antique télégraphe aérien perché sur un moulin vermoulu, qui n'abrite plus que des chouettes. Qu'on le restaure ou qu'on l'abatte, car l'électricité est partout, et voici l'âge d'Edison.

LA DÉMISSION D'UN SOCIÉTAIRE

Il y a de gros événements qui ne sont point symptomatiques, et il y a de petits événements qui sont symptomatiques. Par exemple la démission de sociétaire donnée par Frédéric Febvre au Comité de la Comédie-Française est un fait qui, au premier abord, paraît moins grave que l'attitude de l'Allemagne devant la Suisse? Eh bien! je ne crains rien pour la Suisse, mais la démission de Frédéric Febvre sonne la fin du monde.

Personne n'a divulgué la raison de cette démission, et il semble même, au silence de la presse, que personne ne la connaisse, que dis-je! ne s'en préoccupe, comme s'il n'y avait pas au bout d'elle une terrible représentation de retraite d'abord!

Mais ceci n'est rien, et j'y sens bien d'autres points noirs, dans la démission sinistre ! *Sæpe sinistrâ cavâ predixit ab ilice cornix,* dit Virgile.

Frédéric Febvre est un de mes plus vieux amis et camarades d'art. Voilà tantôt vingt-cinq ans que nous ne pouvons pas nous regarder sans rire, attendu qu'il est très gai et que je n'engendre pas moi-même le Werthérisme. Quand nous nous rencontrons, nous parlons de Légion d'honneur, de placements sérieux et d'assurances sur la vie, jamais de théâtre. A quoi bon ? On se brouillerait. Et puis ce n'est pas drôle. Nous flatter l'un l'autre notre manie, nous n'en sommes plus là depuis l'Empire. Enfin nous avons l'esprit trop philosophique tous les deux pour ne pas savoir que chaque homme a son « violon d'Ingres » ; pour moi, ce violon est de faire des comédies ; pour lui, c'est d'en jouer.

— Ce cher Caliban, il est surtout journaliste !

— Ce bon Frédéric, il est avant tout musicien !

Ainsi nous nous célébrons l'un l'autre dans le monde, devant les femmes de velours et de soie. Mais du diable si je me doutais qu'il fût sur le point de briser son violon d'Ingres pour faire enfin de la musique ! Cette démission du sociétariat m'a porté un coup. On prévient, Frédéric !

J'avais bien remarqué que tu affectais de ne pas assister à mes lectures, ou, quand tu étais forcé d'y assister, que tu en souffrais comme on souffre d'un cor. Mais de là, à supposer que tu finirais par renoncer à tout, même à la gloire, plutôt que de continuer à endurer l'horreur de ces séances, voilà ce à quoi aucun de ceux qui te connaissent n'eût songé. Et pourtant tu viens de le faire, bravement, stoïquement, un peu tard, mais assez tôt encore, et de façon à ébranler l'édifice sur sa base.

On conte donc qu'à la suite d'une de ces lectures terribles qui, sur un crâne de Part-Entière, valent la douche de Charenton, Frédéric Febvre, ruisselant, échevelé, l'âme tirée aux quatre chevaux de l'angoisse, aurait bondi chez M. le ministre spécial de qui dépend sa vie, et qu'il lui aurait débité la tirade suivante, en prose :

— Ce n'est plus possible, Monsieur de l'Instruction, non, ce n'est plus possible ! J'aime mieux me démettre que de me soumettre. La cérémonie est trop ridicule, trop honteuse pour eux, trop arbitraire, et d'une bêtise amère ! Je me suis assez longtemps prêté (vingt-cinq ans), pour ma conscience d'artiste, à la mystification séculaire sur laquelle est établi notre privilège de bonzes, et je succombe à l'ennui d'abord, à la responsabilité ensuite, de ce sort immérité. Libérez-moi de ces lectures cannibalesques, ou bien je démissionne en masse, car l'honneur le veut.

— Je préfère votre démission, répondit le ministre, et je l'accepte au nom de la République que mon fauteuil immuable symbolise, quel que soit d'ailleurs celui qui s'y assoit.

Et il lui tourna son impersonnalité.

Mais mon vieil ami Frédéric Febvre est un brave garçon qui n'a pas froid aux yeux et qui sait parler aux puissances.

— Il ne sera pas dit, Monsieur de l'Instruction, qu'un humble comédien ne vous aura pas jeté la vérité en face. Le métier qu'on nous fait faire est stupide et abusif, et nul de nous n'a qualité pour juger des productions d'un art qui n'est pas le nôtre. Pas un de mes camarades n'est bachelier peut-être et n'a besoin de l'être en effet pour ce qu'on attend de ses talents spéciaux. Nous investir du droit de vie et de mort sur les ouvrages de littérature dramatique, c'est nous charger de rôles que l'on ne nous apprend pas à jouer au Conservatoire. Aussi qu'arrive-t-il ? Nous sommes là comme à un concours de fromages ! Nous décidons à l'odeur.

— Le Brie est toujours bon! fit le ministre, grave.

— Pour ceux qui l'aiment, Excellence, et s'ils continuent à l'aimer. Mais le temps marche, lui aussi, et même il vole. Les goûts changent, et lorsque le public se lasse, nous ne savons pas, n'étant pas de la partie, quel est le fromage qu'il nous demande.

L'histoire du Comité de lecture, de ses méprises de sa bonne volonté, est si drôle, que je me propose d'utiliser ma retraite à le mettre en musique sur les paroles mêmes de mon cher Caliban, qui excelle dans le bas bouffon. On ne sait ni ce qu'on prend, ni ce qu'on refuse, et l'allégorie de l'institution serait, sauf votre respect, un énorme doigt mouillé jouant à pile ou face sous le portrait de l'abbé Vertot, l'inventeur des sièges tout faits.

— Je puis, dit le ministre, la commander à Sarah Bernhardt!

— Aussi, qu'arrive-t-il? poursuivit l'infortuné sociétaire, plus d'auteurs, plus de pièces, plus d'art dramatique! Cette branche, cette vieille branche...

— Monsieur! ces familiarités!

— J'irai jusqu'au bout! tonna Frédéric, dussé-je vous rendre cette croix de la Légion d'honneur qui me fait l'égal des plus grands et me permet de me couvrir devant vous ? On peut être ministre sans rien connaître de l'art des ministères. Mais on ne peut pas être juge d'un travail littéraire quand on n'est pas un lettré soi-même ; il suffit de se sentir honnête homme pour en convenir. L'institution est périmée, vermoulue, rococote et grotesque. Il n'y a plus que l'Europe qui nous l'envie. Les écrivains fiers et timides ne passent plus notre porte et les braves ont peur des rats qui rongent le monument. Il faut changer cela, Monsieur de la République, et si vos subventions sont maigres — doublez-les !

Ayant ainsi parlé, l'excellent Frédéric saisit une plume et il éternisa sa courageuse démission.

Il se retire donc, à la fleur de l'âge, épouvanté par les fantômes des œuvres refusées, avec ou sans correction, qui se dressent dans les ténèbres de sa conscience à part entière, mais surtout par les spectres des œuvres reçues et successivement mortes dont les ossements y font bruit de chaînes et de ferraille. Il a trop souffert des lectures. Il ne désire plus être que compositeur. Il veut finir sur une romance.

Son sacrifice nous vaudra-t-il la réforme, si mûre qu'elle en est blette, pour laquelle il se dévoue, et que les lettres françaises réclament depuis trente ans ? La République est si occupée ailleurs qu'il n'en faut rien espérer.

La critique, qui ne fait point de pièces, au contraire, trouve, par fatigue professionnelle sans doute, que les choses vont bien comme elles vont, pourvu qu'elles aillent. Le système d'ailleurs lui facilite sa besogne engourdie, et même il la lui raréfie délicieusement. Le scandale de toutes ces reprises offertes aux visiteurs de la Ville-Lumière pendant une Exposition qui promettait d'ailleurs une renaissance, l'aveu d'infertilité honteuse qui en découle et le délaissement significatif de nos théâtres à un moment où ils auraient dû crever de spectateurs, rien de ces signes pourtant si clairs ne prévaudra contre cette fondation centenaire d'un homme que l'on traite de tyran pour toutes ses autres créations.

La France de 1889, la France de la République athénienne n'aura pas osé donner d'autre jury aux artistes de lettres qu'un jury d'aimables fromagiers, à qui nous sommes forcés souvent d'expliquer nos œuvres quand ils les jouent et les débitent après les avoir reçues sans les comprendre !

C'est cela qu'a si bien senti mon vieil ami Frédéric Febvre. Au bout de vingt-cinq ans et fortune faite, le rouge lui est monté de sa responsabilite accablante, et comme il a une conscience et beaucoup d'esprit, il s'en est allé avant l'effondrement. Malin, va !

LA MALLE DE CAMBACÉRÈS

C'est fini, par conséquent on peut parler sans compromettre personne, n'est-ce pas? Eh bien! sachez-le donc, puisque l'histoire commence, et profitez de la révélation pour la fois prochaine: — si, le 22 septembre, le coup du général avait réussi et il devait réussir! — le 23, au matin, Febvre avait l'Odéon et moi, j'avais la Comédie-Française!...

Ce que Febvre eût fait de l'Odéon, je l'ignore, quoique je me l'imagine. Il a de l'esprit et il en eût trouvé d'assez farces, surtout contre les poètes, qu'il abomine! Quant à moi j'étais déterminé à bouleverser « mon » institution et j'en avais prévenu Mermeix. — « Ecoute, lui avais-je dit, je ne sais pas ce que vous entendez, entre vous, chez

Durand (lorsque vous revisionnez), par le terrible
« agissement » dit : du *Referendum !* Mais en fait de
Comédie-Française je vais jusque-là ! Avertis-en
loyalement le général ! » Et Mermeix, qui n'a pas
froid au monocle, m'avait répondu : — Tu peux
même aller plus loin ! » — de sa part.

Et alors voici : le 23, avant midi, je m'amenai,
dans « mon monument » et j'y chambardais tout.

— Lequel de vous, disais-je, farouche, en
entrant dans la salle du comité, lequel de vous est
Jules Claretie, ou du moins ce qu'il en reste ?

— C'est moi, eût fait une voix faible, hésitante
et académicienne.

— Vous avez votre tablier ? Rendez-le !

— Oh ! avec joie ! Il est sous ma redingote.

— Et les clefs, où sont les clefs de l'institution ?

— En voici l'illustre trousseau ! Celle-ci ouvre
le reliquaire de la Mâchoire Sacrée. Celle-là,
l'urne aux boules à juger les pièces. Quant à cet
énorme rossignol, usé et rouillé comme un rasoir
gaëlique, il s'ajuste au cadenas absurde que vous
voyez et qui date de 1812. Ce cadenas est d'ailleurs
tout ce qui nous reste de Cambacérès, malle
fameuse, dans laquelle ce diplomate rapporte de
Moscou le papier, aujourd'hui disparu, qui régit
notre congrégation.

— Quoi ! vous n'avez même plus la malle ?

— Cela s'explique par la peine que Cambacérès dut avoir à la sauver du feu d'abord, puis de la neige et enfin des Cosaques. Mais le cadenas est authentique, et la clef y va!...

On sait qu'à la Comédie-Française la transmission des pouvoirs directoriaux s'opère symboliquement, de prédécesseur à successeur, par l'échange de cette clef vénérable et oxydée. Quant à la prise de possession des dits pouvoirs, elle donne lieu à une cérémonie assez curieuse que les étrangers en visite ne seront peut-être point fâchés de connaître pour la raconter chez eux. Elle suffit à expliquer la France.

Si le coup du général avait réussi le 22, et si Febvre avait eu l'Odéon, voici comment Jules Claretie m'eût investi de sa succession. Après m'avoir mis dans la main la clef du cadenas de la malle de Cambacérès, il aurait pris le cadenas lui-même, et, se plaçant à la distance voulue, il l'eût agité de gauche à droite, puis de droite à gauche en me criant : « Attrape au trou! » Et j'aurais dû alors, soit par force, soit par ruse, introduire la grande clef dans la serrure. Est-il nécessaire de dire que la cérémonie est purement allégorique et ne prouve rien par elle-même? Non seulement, en effet, la malle Cambacéréale qui contenait l'Edit de Moscou n'existe plus, mais on pense que l'Édit lui-même n'a jamais été promulgué que dans l'imagination de ce jurisconsulte traqué à la Berésina par un Cosaque en délire. Le gouvernement, néanmoins, tient tellement au respect des traditions, surtout dans les arts, que les appointements de directeur ne courent à la Comédie-Française qu'à partir de l'introduction allégorique de la clef dans le cadenas commémoratif. Encore cette introduction doit-elle être attestée par les sociétaires présents, qui rangés devant le prédécesseur, font : Kss ! kss ! au successeur et se défendent.

C'était un peu pour me payer cette scène cabalistique et joyeuse que, par l'entremise de Mermeix, j'avais demandé la place au général. Mais c'était surtout pour en soulager Claretie, qui n'en peut plus et dont la fatigue est visible. Pauvre Claretie ! J'avais assisté à ses découragements pendant les répétitions de ma piécette, *le Premier Baiser*, le printemps dernier, et j'avais compâti à la désolation dont son âme était pleine.

— Rien à faire de cette vieille carabosse d'institution, où les rats se mettent ! Des comédiens insupportables de cupidité, de vanité, de bourgeoisisme repu, qui entendent le craquement sinistre de la charpente et ne songent qu'à se sauver en emportant leur garde-robe, leur cassette pleine et leurs vieilles couronnes de lauriers dorés ! La plupart ont le million et devraient être retirés depuis quinze ans, n'étant plus dans le mouvement et prenant l'affaiblissement de leurs facultés pour une crise de l'art dramatique. Plus d'auteurs, plus de pièces, la veine est tarie ! s'écrient-ils. Et quand je leur en apporte, ils secouent la tête et déclarent qu'ils ne les comprennent pas, parce qu'elles ne ressemblent pas à celles qu'ils comprenaient au temps (1844) où ils comprenaient quelque chose !

— Vous pourriez les leur expliquer, peut-être ?

— Qui, moi ? Ils en font ! D'ailleurs, ils me traitent de journaliste ! Il paraît que c'est une injure. Des ganaches, vous dis-je, et des ganaches enragées de vieillir, d'être poussées par les jeunes et de perdre leur talent comme on perd ses cheveux, à plein peigne. Ah ! si le brave Brown-Sequard pouvait leur infuser de ce que vous savez là où vous savez, la jeune troupe n'en mènerait pas large, et pas un pensionnaire ne connaîtrait les douceurs de l'affiche. Comme ils n'ont plus ni mémoire, ni force, ni intérêt à travailler, ils se bornent à entraver les carrières des jeunes, auteurs ou comédiens, et ils m'ont imposé, pendant l'Exposition, la honte directoriale de cette série de reprises qui est le scandale artistique et la tristesse de mon administration (1885-89).

— Inutile de vous céler qu'elle donnait de plus belles espérances. Mais vous êtes jeune encore.

— Non, non, il n'y a rien à faire ici, vous dis-je, qu'à tout bazarder. On ne sait plus chez qui on est ni pour qui l'on travaille. Ils disent, eux, que la ruine est à eux, l'État soutient qu'elle est à lui, et on se dispute des décombres. Si encore on retrouvait la malle de Cambacérès, où était l'Édit, on saurait ce qu'il en est et quelle fut l'idée de Napoléon, si toutefois il en eut d'autre que d'embêter le monde. Mais pas de malle. De la malle, ils ont le cadenas, et moi la clef, voilà tout, et impossible de les ajuster ensemble. Le poste n'est pas tenable !

Ainsi gémissait Jules Claretie, dans ce cabinet pénombreux où j'avais vu jadis glisser le spectre doux et formidable d'Émile Perrin, ce dompteur de cabots ! Je l'écoutais gémir, l'infortuné, et je me disais : — Voilà pourtant comme je serai le 22 septembre, lorsque le coup du général aura réussi !

— Mon cher camarade, dis-je, et prédécesseur futur, vous pâtissez de deux anomalies qui sont les doubles-fonds de la malle introuvable de Cambacérès, si j'ose m'exprimer ainsi. L'institution de la Comédie-Française est mauvaise, parce qu'elle émane d'une idée fausse — et bête. Cette idée est celle d'une maison privée qui serait une maison publique, et *vice versâ*. Vous imaginez-vous un square ouvert à tout le monde, mais où le gardien seul aurait le droit de se promener et de cueillir des fleurs? L'empereur rêva ce rêve de César enivré de gloire et d'orgueil : avoir un théâtre à lui, des comédiens à lui, des auteurs à lui, et en être le seul spectateur, sauf quelques rois et souverains terrassés qu'il inviterait à ses représentations impériales. Eh bien! vous gérez, vous républicain et représentant de la République, cette maison despotique, bâtie pour les menus plaisirs d'un seul homme. Il n'y a rien pour le peuple là-dedans et, au contraire, par conséquent pour le public. La Comédie-Française est toujours un parterre de rois, — mais sans rois.

Entretenir une troupe de comédiens n'est pas une pensée démocratique ; nos mœurs libres s'y opposent. Ce privilège est périmé. Il ne peut renaître que si le général triomphe, car alors vos persécuteurs redeviendront les comédiens ordinaires du général! Ils seront de sa maison. Il les emmènera en voyage les jours de traité d'Erfurth !

L'autre impossibilité pour vous de vivre est dans la subvention, ou plutôt dans l'idée falote qui vous la donne. Recevoir du gouvernement trois cent quarante mille francs par an pour jouer les auteurs morts, qui ne font pas le sou, à la condition qu'on ne jouera que des auteurs vivants, qui font recette, et rendent par conséquent toute subvention inutile, fût-elle de cinquante centimes, est un tel casse-tête chinois qu'ils en deviennent fous et ne savent plus ce qu'on leur demande. Alors ils vous embêtent. Mais patience, et tâchez de tenir jusqu'au 22 septembre, je vous relaicrai.

Pauvre Claretie! le coup du général a raté. Je l'aurais trouvée, moi, la malle de Cambacérès, et Febvre avait l'Odéon!

MON PROJET

A propos de mon dernier article et au sujet de la longue campagne, assez brave peut-être, que je mène depuis quinze ans, seul et sans aide, contre les fermiers généraux de la Littérature dramatique — voir Monuments : Comédie-Française — le directeur des Beaux-Arts, M. Gustave Larroumet, homme libéral, droit et intelligent, m'a dit :

— Ah ! Caliban ! si vous vouliez ne pas rire toujours !.. Railler une institution ridicule, c'est beaucoup, et ce n'est pas assez. Nous donner le moyen d'en réformer les abus, à la bonne heure ! Il est clair que les intérêts des Lettres sont compromis quand ils sont confiés aux comédiens de la troupe d'Etat. Leur privilège est visiblement périmé, et nous sommes tous là-dessus d'accord avec vous, qui l'êtes avec l'opinion publique. Mais la question est pendante depuis un demi-siècle, et aucun des intéressés, pas même vous, ne nous a encore proposé une solution pratique de ses problèmes. Avez-vous une idée pour la réforme du Comité de Lecture, et, si vous en avez une, pouvez-vous nous la dire avec la gravité requise? Parlez, on vous ouït des hauteurs!

J'en ai une, monsieur le directeur, et je ne ris plus, puisqu'il faut ne plus rire, en France, pour être sérieux.

Mais pensez-vous d'abord que tous mes confrères et les vôtres ne sont pas, comme dirait M. Lejeune, des canailles? Les croyez-vous capables d'être aussi honnêtes que les comédiens les plus honorables, d'avoir une conscience et d'aimer, eux aussi leur patrie et sa gloire artistique? Car tout est là, et il y a beau temps que la réforme serait accomplie, même par le gouvernement le moins libéral, si on supposait qu'un littérateur français puisse être autre chose qu'un coquin doublé d'un imbécile.

Moi, je le suppose, et mon projet repose sur cette hypothèse.

Aussi ne vous le donné-je pas, ce projet, pour définitif et immodifiable, oh! non. Mais il aura eu le mérite au moins de venir le premier et d'attester d'une belle âme, à qui rien de naïf ne demeure étranger, même en République. Enfin, il est la conclusion de la campagne de quinze ans dont je parle. « Aboutissez ! » s'écriait Gambetta. J'aboutis entre vos mains, cher monsieur Larroumet — et voici ce projet modeste, dont la mise en œuvre suffirait peut-être à éterniser votre souvenir dans le cœur des dramaturges.

LE JURY PROFESSIONNEL

Etant donnés les abus, injustices, erreurs et mécomptes des systèmes actuellement en usage, à Paris, pour la présentation, réception et exploitation des œuvres d'art théâtral — systèmes dont quelques-uns sont abusivement patronnés par le Gouvernement — la Société des auteurs dramatiques, désireuse d'y parer de son mieux, en attendant réforme, se constitue en jury professionnel et elle arbore, comme celle des peintres et statuaires, sa bannière de corporation.

ARTICLE PREMIER

Le droit à la production, dans les Arts et Métiers,

est imprescriptible; il ne peut pas être entravé par des privilèges, fussent-ils historiques. Or, comme il semble malheureusement démontré que les produits d'art théâtral ne sauraient atteindre au public sans la garantie d'intermédiaires soi-disant accrédités, mais la plupart du temps sans mandat et toujours arbitraires, la corporation arrête et fixe à elle-même l'autorité dans la matière, et elle se constitue juge responsable et courtière des ouvrages de ses membres. Elle les invite donc à cet effet à se réunir une fois par an pour élire un jury professionnel de douze frères et confrères par lesquels seront réglés comme suit et sauvegardés les intérêts de leur corps d'état.

Ce jury décidera par examen, sinon de la véritable valeur d'art — car nul n'en décide — du moins de la viabilité scénique des pièces et il sera chargé de les présenter, s'il y a lieu, au public. La Société est assez riche et, partant assez indépendante pour subvenir aux frais de cet ordre de choses, et la fonction de juré sera émoluée et gagée, l'honneur ayant cessé, paraît-il, d'être une récompense.

Toutefois, les douze jurés auront droit au titre en désuétude de « maître » et la pièce reçue à celui, plus inusité encore, de « chef-d'œuvre » — et cela redonnera valeur de verbe à ces deux mots.

ARTICLE DEUXIÈME

Donc, toute œuvre dramatique, quels que soient sa forme, sa dimension ou son genre, visant à être représentée sur l'une de nos scènes nationales, sera préalablement recopiée à deux exemplaires par un copiste de profession, lisible et correcte, et, dans ce double état, déposée à la Société, qui ouvrira un bureau spécial à cet usage et délivrera à l'auteur un récépissé et un numéro d'ordre.

Il sera loisible à ceux qui le désireront de garder l'anonyme au moyen de la classique enveloppe cachetée et ornée de sa devise mystérieuse.

Mais toute pièce présentée de la sorte au jury professionnel sera et devra être accompagnée de son scénario, ou résumé d'affabulation ; on verra pourquoi tout à l'heure. Puis elle sera lue à son tour et à son numéro d'ordre, ainsi que je vais l'expliquer, et jugée aussi équitablement qu'il est possible de l'espérer sur la terre. On reste d'ailleurs parfaitement autorisé à faire apostiller et même présenter son œuvre par un confrère célèbre, une jolie femme ou un député, et à profiter des avantages, d'ailleurs nuls, que promet cette politique. Les jurés avouent qu'ils ne sont que des hommes; mais au moins, ils sont de la partie.

ARTICLE TROISIÈME

Les douze jurés élus soit à la majorité relative, soit à l'absolue, peu importe, la Société leur distribue également les scénarios des pièces déposées et ils en prennent connaissance, à peu près comme on fait des esquisses des logistes pour le Prix de Rome. De là une première sélection par élimination.

Et ici ma trouvaille et la fleur du projet :

On leur alloue un louis par scénario, à titre d'indemnité pour le temps perdu, je veux dire employé à cette première besogne. Ça vaut ça, fichtre !

Puis ils demandent les ouvrages qu'ils veulent lire et connaître d'après les promesses de leurs scénarios ; on leur remet l'un des deux manuscrits et, quand ils le rendent, condamné peut-être mais étudié du moins, l'indemnité de peine est de cinquante francs.

Quant à la découverte du « chef-d'œuvre », elle est primée d'un rouleau de vingt-cinq napoléons, et je connais assez mes confrères pour juger qu'à ce prix-là ils ne demanderont qu'à en dénicher. Quelle que soit l'opinion que l'on ait du gendelettre français, pas un de nous n'enterrerait le Tartufe s'il devait y perdre cinq cents francs. Est-ce vrai, chers maîtres ?

ARTICLE QUATRIÈME

La pièce jugée bonne et viable sera paraphée par le jury professionnel et marquée au sceau de la Société, qui en deviendra responsable et se chargera de son sort. Le « Maître » qui l'aura reçue est son parrain et présentateur officiel. Il s'en constitue l'avocat auprès de qui de droit, soit le ministre de l'instruction publique ou son délégué, le directeur des Beaux-Arts, lequel la dirige sur les monuments dont l'Etat dispose, où elle prend son rang.

Il va de soi que les autres théâtres de la capitale étant des entreprises particulières et libres, la Société ne peut agir sur eux que par influence. Mais si les directeurs de ces théâtres sont eux-mêmes membres de la corporation et solidaires de ses intérêts, ils se plieront d'eux-mêmes à l'arbitrage professionnel, étant exposés à leur tour à être bombardés jurés et maîtres par l'élection annuelle et à gagner cinq cents francs par chaque découverte d'un Tartufe.

ARTICLE CINQUIÈME

Enfin cette organisation si logique et si claire se trouvera simplifiée encore par l'application des principes suivants. — En art dramatique aussi, les grades, les titres et les services comptent. L'acquis fait loi. C'est ainsi que l'académicien est reçu sans contrôle, sans lecture, par force de signature seulement, et passe d'abord. Ou bien Richelieu fut un âne! — Le légionnaire n'a que son tour, mais il l'a, et le droit de production lui est acquis. Sinon, pourquoi nous décore-t-on? — Cinq actes, joués à l'Odéon, donnent privilège pour trois actes à la Comédie-Française, et un acte à la Comédie-Française ouvre l'Odéon pour trois, quatre ou cinq autres actes, et cela dans le laps pacifique de trois ans. — Une centième affranchit son auteur.

Vous voyez que le jury professionnel n'aura pas beaucoup à travailler.

ARTICLE SIXIÈME ET DERNIER

Les comédiens joueront la comédie.

*
* *

Tel est mon projet, monsieur le directeur, et quoique je l'aie fait grave, je vous vois rire encore;

tant les questions de lettres semblent drôles en République ! Mais si vous en riez, vous, tous mes confrères vont s'en tordre, et me voilà pour longtemps ridicule. C'est votre faute. Il ne fallait pas essayer de nous sortir de ce marasme.

J'avais bien un autre projet, plus sage peut-être et moins long. Il consiste à faire jouer la réception des pièces, à pile ou face, sur la place de la Concorde, par un honnête homme. Mais ce serait toujours un comédien et jamais un homme de lettres, paraît-il !

LA DÉCORATION DES COMÉDIENS

L'une des questions passionnantes de ce siècle est celle de la décorabilité des comédiens. Tous les ans, à des époques régulières, son actualité immortelle s'impose au chroniqueur ; il faut qu'il en disserte, et Caliban espérerait en vain se soustraire à l'obligation professionnelle. D'ailleurs, le problème est amusant, d'un byzantinisme délicieux et plus oiseux qu'il n'est permis de l'espérer au mois d'août, pendant les vacances.

Cette fois, c'est sur les noms aimés de Mounet-Sully et de Worms, tous deux sociétaires et même artistes de talent, que le gai débat se renouvelle. Ils devaient être « crucifiés » l'un et l'autre le 14 juillet, en commémoration de la prise de la Bastille, et personne ne l'eût trouvé mauvais, car ils sont honnêtes gens, et la Bastille a été prise pour tout le monde. Or, voici qu'au dernier moment la République s'est ravisée :

— Je pourrais bien, a-t-elle dit, décorer Worms, parce qu'à sa profession de comédien il ajoute celle de professeur de déclamation au Conservatoire, et ce titre le rehausse. Mais Mounet-Sully n'a pas de classe et n'est qu'artiste; il reste donc indécorable. Comme entre les deux mon cœur libéral balance et pour ne point faire de jaloux, je les laisse tous deux boutonnière béante.

Il résulte du syllogisme que, cent ans après la Prise, en 1889, sous la Troisième, le métier de comédien n'est indemne et sauf que de l'excommunication, mais point du mépris traditionnel où le tenait la vieille société monarchique et catholique. La République elle-même n'ose pas distinguer les honnêtes gens de cette profession; elle cane devant cette égalité, ce « droit de l'homme » que l'acteur revendique; elle subit le malaise des mœurs qui souffrent encore de voir l'étoile des braves sur la poitrine d'un adepte des arts simiesques. Pourquoi? Ah! demandez-le lui !

Les comédiens décorés, Got, Delaunay, Maubant, Febvre, madame Marie Laurent, ne le sont pas, et ne l'ont pas été, comme représentants illustres de leur art, et la bonne République a toujours eu soin de le crier bien haut, de façon à être entendue de la bourgeoisie libérale. On leur a trouvé des titres extérieurs, bien distincts de ceux qu'ils avaient acquis au théâtre. Ils sont chevaliers de la tangente, les uns pour avoir créé, non pas des rôles, mais des lits d'hôpital, des orphelinats, que sais-je? ou comme maires de leur commune seulement. Le plus drôle, dans cette jésuiterie d'État, c'est la trouvaille escobardienne de la rubrique : « Professeur au Conservatoire »! Professeur de quoi, ô Marianne, si ce n'est de cet art qui rend précisément indécorable? Et s'il rend indécorable, pourquoi décorer ceux qui le professent? On aura du mal à nous faire croire que Got enseigne la théologie à ses élèves, Worms l'histoire sainte, Maubant la philosophie platonicienne et Delaunay le bouddhisme. Ce qu'ils montrent, c'est ce qu'ils savent et ce qu'ils ont appris eux-mêmes, soit à jouer la comédie, un art honteux, paraît-il! Alors, ils professent le déshonneur, et par l'exemple et par la doctrine, et c'est de cela (sainte Logique, priez pour nous!) qu'on les récompense par le ruban? Mais c'est à se tirer la langue devant la glace!

D'ailleurs, il n'y a rien à dire de ce coq-à-l'âne, puisque les comédiens eux-mêmes l'acceptent et subissent le camouflet de leur indécorabilité sans broncher. Mais si j'étais Got, par exemple, et si, après quarante ans de créations scéniques, j'entendais un ministre me dire à la face de mon pays : — « Voici la croix de la Légion d'honneur. Mais il est bien entendu, n'est-ce pas? que ce n'est pas à l'acteur qu'on la décerne!... » Je prendrais cette croix et je la flanquerais au nez symbolique de ce fonctionnaire de la liberté.

Eh bien! la question est là. Elle n'est que là, la jolie question byzantine d'août. Les comédiens eux-mêmes acceptent le compromis. Ils se laissent décorer à d'autres titres que le titre professionnel. Ils ont vergogne de leur condition. Ils consentent humblement à la tangente. C'est comme professeurs qu'ils la demandent, comme humble professeurs de déclamation, ayant lunettes d'or et bagage pédagogique. Pourquoi pas comme horticulteurs? Ils n'auraient qu'à échenillier des roses.

Ohé, les moliéreux! c'est vous qui compromettez votre cause par votre attitude même! Vous ne savez pas jouer de la Prise de la Bastille. Vous y avez droit à votre pierre, prenez-la! Le premier d'entre vous qui, fièrement, en homme et en citoyen français, répondra à Marianne : « — Non, marquise! c'est comme acteur que je veux l'être, ou bien je la refuse! » celui-là, dis-je, aura résolu la question d'août et libéré sa corporation. Car il ne suffit pas de dire qu'il n'y a pas de sot métier et qu'il n'y a que de sottes gens, que tous les arts sont beaux lorsqu'on y excelle et qu'on peut être histrion et brave homme, il faut encore le prouver par l'acte mâle où se signent les âmes viriles, et c'est le comble du cabotinage que de se déguiser en créateur de fondations pieuses, en jardinier ou en philhellène pour décrocher une distinction qu'on a méritée autrement.

Un poète, dont le nom devrait être sacré pour tous les enfants de la balle, non seulement parce qu'un mot tombé de sa plume faisait des réputations chez eux — et des sociétaires, mais encore parce qu'il a écrit en leur faveur le plus beau plaidoyer auquel ils puissent recourir, Théophile Gautier nous a laissé, dans son *Capitaine Fracasse*, plusieurs types modèles du comédien tel qu'il devrait être, tel qu'il fut, et tel qu'il redeviendra quand on le décorera pour lui-même, et non pas pour l'échenillage des roses. Cette troupe de baladins nomades, menée par un brave tyran de tragédie à travers des aventures picaresques, qui n'ont rien de commun avec une élection au Conseil municipal, tient tête pour l'énergie, la droiture et la hauteur d'âme à des paladins de l'Arioste. Ceux-là, ce sont des hommes, ô Talma! ô Frédérick! et qui ne rougissent pas, même devant la neige, de l'art d'excommuniés qu'ils exercent. Ils vont où le sort les conduit, par les grands chemins du bon Dieu, disputant leurs peaux aux loups, au public et aux brigands, et semant la manne des lettres. Et ils sont de grands saints, si le culte de la poésie en comporte.

J'ai force raisons de croire que ces idéalisations de l'artiste dramatique sont incomprises de leurs héritiers et que le comédien moderne n'entend plus l'honneur comme ils l'entendaient. Mais j'imagine qu'ils y perdent et qu'ils avanceraient la solution de la question d'août, si, conformes aux prototypes du « Capitaine Fracasse », ils se préoccupaient plus d'augmenter leurs talents que leur fortune. Il ne tient qu'à eux de détruire dans la société démocratique le sentiment d'animadversion, d'ailleurs absurde, qu'elle a hérité contre eux des temps de privilèges, et de s'élever à l'égalité civique dont ils sont si justement avides et à laquelle ils ont droit. Le bon Théo n'avait écrit son roman que pour les y aider, étant fort clément de nature.

Pour moi, je ne suis pas suspect de partialité et et l'on sait que les comédiens de mon temps ont peu fait pour m'acquérir à leur cause. Je louche un peu quand je les regarde. Mais j'ai horreur de la bêtise, même en République, et je me demande qui la Révolution a affranchi, sinon ceux qui avaient besoin de l'être. Or, les pauvres diables de cabots sont du nombre, et les régimes autoritaires ne leur ont pas été bien favorables. Je réfléchis en outre à ceci, que s'ils sont honnis des vertueux bourgeois pour un métier qui consiste à propager les conceptions des poètes, ce n'est peut-être pas à ces derniers à aider à leur discrédit et qu'ils n'y ont ni honneur ni profit. Et puis le temps n'est pas si loin où les poètes eux-mêmes étaient relégués aux cuisines, et c'est la Révolution seule qui a cicatrisé le dos de Voltaire bâtonné par les valets des Rohan.

Nous n'en menions pas large, écrivains, mes frères, il y a cent ans, et plus d'un qui crevait de faim, trouva à casser sa croûte sur le chariot même de Thespis. Pour ces raisons et d'autres encore, je plaide la décorabilité des comédiens en général et celle de Mounet-Sully en particulier. C'est un digne artiste, d'une probité exemplaire et d'une conscience parfois héroïque, à qui le plus strict peut tirer son chapeau. S'il a ajouté un peu d'épilepsie à la névrose d'Hamlet, c'est affaire entre lui et Shakespeare, et on décore des gens qui en ont fait bien d'autres dans n'importe quelle profession. Quant à son Oreste, il est craché ! Enfin il va nous donner Mahomet, et ça, c'est l'action d'éclat. Mais comme « professeur «, oh! non, dites, ce serait trop invraisemblable : soyez sincères.

Enfin, j'ai un dernier motif pour désirer que les comédiens participent à la fondation du camp de Boulogne, et celui-là m'est personnel. Grâce à Napoléon, auteur de cette fondation — et aussi de l'autre — les comédiens sont nos juges littéraires. Ils reçoivent et refusent nos pièces, sans appel, et comme ils sont sévères pour les miennes, j'éprouve un peu de honte à être retoqué par des gens que la société ne juge même pas dignes d'être décorés, et j'en rougis.

L'AGE AU THÉATRE

Vous êtes-vous demandé pourquoi, au théâtre, on ne peut jamais avoir trente-trois ans?

Car c'est ainsi. Dans aucun répertoire peut-être vous ne trouveriez le personnage fabuleux que son auteur aurait, au tableau des rôles, désigné sous cette rubrique traditionnelle :

— Le comte, — trente-trois ans.

Ce comte n'existe pas, fût-il millionnaire et épris de la marquise. On ne peut pas avoir trente-trois ans sur la scène. J'ajoute qu'il est également interdit d'en avoir quarante-sept, par exemple. Pourquoi, je l'ignore. Mais cherchez, si vous ne me croyez pas, et relisez les maîtres. Nul n'a jamais eu trente-trois ans sous le lustre, ou quarante-sept devant la rampe. Il paraît que ce prodige, avoir trente-trois ans, ne se manifeste que dans la vie réelle, je parle pour les hommes ! Car, quant aux femmes... c'est la même chose, et même pis !

Au théâtre, la femme n'a que quatre âges, dits synthétiques, qui sont : dix-huit, vingt-cinq, trente-six et cinquante ans. Les autres ne sont pas scéniques.

Dix-huit ans, dans l'art de Scribe, cela donne la jeune fille nubile, dotée ou indotée.

Pour vingt-cinq ans, nous avons la femme adultère ou la veuve, si elle est sympathique.

Trente-six, c'est la mère, car elle s'est toujours mariée (voir plus haut), à dix-huit ans.

La cinquantaine, spécifie la belle-mère, immarcessible ! Ex-duègue des anciens.

Il en est de même pour les personnages du sexe à qui l'on doit son père, en n'importe quelle condition, et s'il est permis d'assimiler le théâtre à une vaste et éternelle chasse à l'amour, voici comment Thalie et Melpomène nous distribuent nos passeports.

Vingt ans. L'amoureux simple, pour pièces en vers.

Vingt-cinq. Amant. Prose. Toujours brun.

Le mari, deux âges symboliques. Trente-cinq, s'il tient tête au précédent ; quarante s'il écope.

Cinquante hivers. Père, oncle ou beau-père.

Soixante ans. Rarissimes. Pour tragédie.

Point d'âge du tout. Les pittoresques, ceux qui sont à côté de l'action. Les types ou canailles.

Nota. — Comme il faut avoir un âge, même au théâtre, ce dernier groupe est celui qui compromet généralement le succès des nouveautés. (On appelle nouveautés les pièces qui, au lieu d'être reprises, sont refaites.) Les personnages sans passeport scénique apportent dans ces nouveautés trop d'inattendu, de vérité vraie et d'originalité caractéristique. Ils troublent parfois le public et toujours la critique, qui, inavisée de leurs âges synthétiques, n'arrive pas à les classer à leur emploi. Aussi les auteurs malins évitent-ils ces gâte-recettes et les laissent-ils aux romanciers. — Fin du *nota*.

Dans ce tableau des âges de théâtre, il est à remarquer que, sauf l'amant (Vingt-cinq. Brun. Prose) tous les prototypes, qui sont aussi des archétypes, se marquent aux chiffres « ætatis » des dizaines. Il semble qu'ils n'aient pas vécu, ni même eu lieu, pendant les intervalles décennaux, échelonnés régulièrement entre la vingtaine et la soixantaine; ils n'ont fait que changer d'emploi. Partis Valères, ils arrivent Gérontes. Pareils à certains arbres des tropiques, ils dorment neuf ans et n'éclosent que lorsqu'un zéro sonne à leur état civil). Sans transition, l'amant passe au mari trompé et le mari trompé à l'oncle. Ah ! comme c'est bien ça, la vie, et comme on a raison de dire que le théâtre en est l'image ! Que feriez-vous de vos trente-trois ans, si vous les aviez, et à quoi les utiliseriez-vous? C'est pourquoi on ne les a jamais dans les comédies. Ailleurs non plus, peut-être.

Je cherche quelquefois à deviner quel effet produirait un jeune auteur, certainement venu de province, et admis à lire son ouvrage devant le Comité, s'il établissait comme suit l'entité de ses personnages :

Le comte, mari de la comtesse. Vingt-neuf ans. Déjà chauve et rhumatisant, semble en avoir quatre-vingt-dix.

Le duc, père d'icelle. Soixante-et-un ans et demi. Tous ses cheveux, noirs. Admirablement conservé. Dix fois plus jeune que son gendre. Grand prix de vélocipède.

Le capitaine, amant de la comtesse, ne paraît être lui-même que trentenaire, mais compte quarante-six ans révolus. Blessé à Bapaume. Méconnaissable quand sa blessure se rouvre, et elle se rouvre!

Firmin, domestique. Acte de naissance brûlé

pendant la Commune. En profite, quoique conservateur.

Shylobsek, usurier infâme, persécuteur du capitaine. Sans perruque, contemporain de Robespierre. Avec perruque, vient de naître.

La duchesse douairière. Tellement âgée qu'elle croit avoir vu la Fronde, ne parle plus, mais danse encore.

La comtesse. Névrosée et morphinomane. Vingt-trois ans et deux mois le soir, après la piqûre ; quarante-huit ans et sept mois moins deux jours, le matin, avant. Reste fardée jusqu'à midi.

Musidora, courtisane. Ne vit que de revalescière. Rendrait des points à Ninon de Lenclos. Un peu vampire. Quatorze ans visibles. Les autres non.

Javotte, soubrette. Tête de démon sur un corps d'ange et réciproquement, au choix. Collectionne les calendriers. Compte sa vie par heures et en défalque le sommeil. Age probable : éternelle.

A l'audition d'un pareil programme, le comité se dresserait comme un seul homme, et il hurlerait, épouvanté : — Où sont les rôles ?

Où seraient les rôles, en effet, et comment réaliser une telle conception ? On a beau rêver de régénérer l'art dramatique ou tout au moins d'en aérer la formule, les caractères y sont bornés aux emplois et les emplois aux âges respectifs des personnages en conflit scénique. Un oncle n'est un oncle qu'à la condition de le paraître, selon l'idée que l'on s'en fait; et l'idée qu'on s'en fait est celle d'un homme de cinquante hivers. Si cet oncle bedonne, c'est qu'il est riche, millionnaire s'il a des breloques. Maigre, c'est un parent pauvre. D'ailleurs, l'oncle n'appelle qu'un neveu, et on ne le voit pas, au théâtre, ayant un fils lui-même. Qu'est-ce qu'il en ferait de ce fils, cet oncle? Il déshériterait son neveu pour lui? Mais ce serait abominable! Le public en serait indigné et la critique mettrait cent ans à s'en remettre, d'après les maîtres.

Oui, les personnages de mon jeune auteur provincial peuvent, tels qu'il les décrit, exister dans la vie réelle, mais, sous le lustre, ils sont irréalisables, que dis-je? fictifs! car il s'il est déjà matériellement impossible d'avoir trente-trois ans devant quatorze cents spectateurs réunis, comment vouloir qu'on les ait sans les paraître, et, les paraissant même, qu'on en ait moins ou davantage, puisqu'ils ne sont l'âge d'aucun emploi et que par conséquent le public ne vous demande pas de les avoir? — Evidemment.

Il est clair que dans ces conditions l'art dramatique n'est pas un art, mais proprement une religion dont la pièce est la messe.

Dieu me préserve ici de toute irrévérence, mais au prix où est le beau, au théâtre, l'analogie est saisissante, et rien ne ressemble plus à la sainte et immodifiable messe que la sempiternelle cérémonie, hiératique et traditionnelle, que l'excellent Sarcey appelle une comédie. Depuis plus de trente ans, cet homme pieux va « à la pièce », comme on va à la messe, et tous les jours! C'est exemplaire, et l'on ne comprendrait pas qu'il ne fût point las de l'avoir tant entendue célébrer s'il n'avait pas le divertissement de fulminer contre les jeunes lévites qui la disent trop vite ou qui en passent. Car les rites de « la pièce » sont sacrés, sa formule invariable et son dogme révélé. Pièce de minuit ou de huit heures, grand'pièce avec musique, pièce de mariage ou d'enterrement, pièce commémorative et de bout de l'an, c'est toujours le même office. C'est la pièce, celle qu'on chante à la même heure, dans tous les temples *ad hoc* de l'univers, de l'*introïbo* à l'*ite missa est*, et dont les desservants restent uniformes. Ces desservants ont l'âge requis et ont été ordinés par le Conservatoire, le père (50 ans), la mère (36 ans), le mari (40), l'amant (25), et la belle-mère (50), et s'ils ne s'appellent plus Cassandre, Arlequin, Crispin, Isabelle et Colombine, c'est que l'on a fait cette concession à l'esprit incrédule du siècle.

Eh bien! la critique française et son prince la servent, cette pièce, depuis trente ans, à genoux, sonnette en main et *amens* au bec. Au moment de la scène à faire, mon père Francisque se prosterne, courbe le front et s'abîme en Molière.

Et tout cela parce qu'on ne peut pas avoir trente-trois ans au théâtre. Il n'y a pas d'autre raison sérieuse, soyez-en sûrs, à la piété édifiante de la critique à la « pièce » et à ses rigueurs pour les jeunes lévites teintés d'hérésie et d'Hyacintisme dramatique. Si on avait tous les âges à la scène, on y aurait tous les hommes, au lieu d'en avoir six, et le culte de Scribe le cèderait à l'art de Shakespeare.

LE THÉATRE ET LA VÉRITÉ

On peut le dire aujourd'hui sans nuire à M. de Goncourt. Déjà, la semaine dernière, la joie avait été profonde, dans notre cher Cabotinville, lorsqu'on y apprit qu'un jeune naturaliste, nommé Léon Hennique, venait de marier enfin, pour leurs étrennes, le Théâtre et la Vérité!

— C'est une réparation, clamait-on dans les estaminets militants. Elle était depuis trois cents ans sa maîtresse! Il lui devait bien ça. Mais il fallait attendre que la Convention, sa légitime, fût morte. Gloire à Léon Hennique qui a tué cette gêneuse chez Antoine! A présent, le Théâtre peut lui faire des masses d'enfants gros, gras, forts et beaux comme le jour, et la Vérité va tourner à la Mère Gigogne.

Une députation joyeuse vint m'annoncer la nouvelle. Votre Shakespeare sera content! me dit-elle. Je secouai la tête, non pas que je doute de Léon Hennique, que j'ai connu poète, à Robinson, il y a bien des années, mais parce que je savais que feu le duc d'Enghien était de l'affaire.

— Êtes-vous bien sûrs, demandai-je, que le mariage soit fait, ce qui s'appelle fait, entre le Théâtre et la Vérité? Je vous avoue que le duc d'Enghien me chiffonne. Car enfin il ne l'a pas connu, le duc d'Enghien, ce Léon Hennique !

L'un d'eux, qui était moins de Médan que les autres, me répondit : — Le mariage est certainement fait dès à présent, et s'il n'est pas encore consommé c'est que, la Vérité étant nue, on attend la canicule pour qu'elle ne s'enrhume point, car il fait froid, et même il brouillasse. Quant au duc d'Enghien, voici. Vous m'écoutez, cher maître?

— De toute la conque de mes ouïes!

— Par un phénomène particulier aux Écoles nouvelles, mais que M. d'Ennery, par exemple, n'a pas éprouvé, il est humainement impossible au naturaliste de ne pas être vrai, le voulût-il, aussi bien en histoire qu'en physiologie contemporaine. Le duc d'Enghien de Léon Hennique est mathématiquement exact. Ce n'est même pas de la photographie, c'est du *Moniteur* instantané.

— De là vient sans doute, ponctuai-je, la beauté de l'œuvre? C'est beau comme l'*Officiel*?

— Presque.

— Evidemment il y a mieux encore. Quoi?

— Il y a l'*Officiel* lui-même! Mais ça, c'est l'idéal du réel. On n'y atteint pas sur la terre. Léon Hennique s'est borné, comme votre Shakespeare, au possible. Être le duc d'Enghien ou ne pas l'être? Il l'a été. De là toute une révolution et les accordailles définitives du Théâtre et de la Vérité.

Je tentai alors de convaincre la députation que cette faculté puissante d'incorporer un personnage au théâtre n'était peut-être pas spéciale et particulière aux seuls disciples de leur maître et que d'Ennery lui-même dans les *Deux Orphelines*...

— On n'incarne pas deux orphelines à la fois! clamèrent-ils, et ils me quittèrent en me donnant rendez-vous, les cruels, à l'Odéon, où un seul des deux Goncourt devait le lendemain entrer dans la peau de Germinie Lacerteux et dans celle de Jupillon et mener de front plusieurs autres avatars.

— Vous verrez, vous verrez! me criaient-ils de l'escalier par où ils dégringolaient, pleins d'espoir, cette fois ce n'est plus Antoine qui tiendra la chandelle, c'est Porel! Il y aura premier baiser.

— Allez-vous-en, gens de la noce! chantonnai-je en fermant ma porte, et je me mis à rêver.

Il y a bien des raisons pour que, en dépit de folles espérances, le Théâtre n'épouse jamais la Vérité. D'abord, quoi qu'en disent ces jeunesses, sa femme légitime, la Convention, n'est pas morte. Le duc d'Enghien ne l'a pas tuée, au contraire. Par conséquent, la place n'est pas vacante. Comme hier, comme demain peut-être, le Théâtre ne vit avec la Vérité que sur le pied de concubinage. Il fait des traits à la Convention, mais il ne cohabite qu'avec elle, car elle est la mère de ses enfants, les légitimes du moins et les viables. — Un bourgeois, ce théâtre? — Indubitablement.

Mais est-il bien à désirer, pour les artistes mêmes, qu'il soit autre chose que ce bourgeois, régulier à la fois et concubinaire, et qu'après avoir fait assassiner sa femme par Jupillon et le duc d'Enghien, il conduise à l'autel une courtisane très belle mais toujours nue, qui n'a pas d'identité, et dont on sait seulement qu'elle s'appelle la Vérité et qu'elle est la sœur du Mensonge? J'ai cru longtemps, moi aussi, à ce mariage de réparation, et ma philosophie ardente s'en accommodait aux heures où l'on a la vertu cassante. Mais ayant lu quelque part que tout est conventionnel en ce monde, et le monde lui-même, j'en suis venu à comprendre que la Convention n'est pas tuable, d'où il résulte qu'elle serait immortelle. Alors il ne resterait au Théâtre d'autre recours que celui de la répudier pour épouser la femme nue; et qu'est-ce qui se passerait alors? Au bout de quelque temps, ce bourgeois s'embêterait avec la Vérité et il mettrait la Convention dans ses meubles. Je n'explique pas autrement Shakespeare.

Shakespeare n'est pas plus vrai que Molière, et Molière pas plus conventionnel que Shakespeare. Mais le Théâtre de Shakespeare a la Vérité pour épouse et la Convention pour maîtresse. C'est le contraire pour le Théâtre de Molière : la Convention est la ménagère et la Vérité la concubine. Le génie n'est peut-être que d'accorder ces deux mégères. Ils l'ont eu.

Hélas! plus on vieillit, plus on est forcé de reconnaître que, des deux inspiratrices, la plus acariâtre est encore la Vérité. Sur la scène, cette éternellement nue est insupportable, quand elle s'y prolonge, et voilà pourquoi je crois peu au mariage annoncé par les naturalistes. Il n'aura pas lieu.

Si le Théâtre ne devait être que le portrait exact de la vie, il serait si assommant qu'il le deviendrait autant qu'elle. Or, ceux qui l'aiment disent de lui qu'il est bon quand il les divertit de la vie même, et c'est à cette condition, je crois, qu'il est un art. Mais peut-on penser d'un art dont les manifestations conduiraient aussi sûrement que la réalité au spleen, au cloître et au suicide, qu'il est un art? Et, si on le peut, quel art est-ce là, bonté divine! et quels monstres que les artistes de cet art-là! Eh bien! le jour où, pour obéir à la doctrine médanique et aux préceptes auteuilards, la scène française réfléchirait uniquement et fidèlement la vérité vraie sous le lustre, on ramasserait les suicidés, dans les rues, par tombereaux, et les fous par charretées. Les ducs d'Enghien eux-mêmes joncheraient le plancher d'Antoine, et quant aux Jupillon, chaque soir les Pompes funèbres en auraient leur Odéon plein.

Et voilà pourquoi l'art dramatique est condamné à doser, jusqu'à la consommation des âges, l'idéal et le réel, soit à la façon de Molière, soit à la façon de Shakespeare, mais toujours à dose égale et sans pouvoir y déplacer autre chose que les plateaux mobiles de la balance. Et si vous cherchez à cette impuissance une raison plus simple encore et plus évidente, vous la trouverez dans cette remarque qu'il est un art du soir.

Le jour fini, quand le soleil meurt pour nous et renaît, hélas! pour d'autres malheureux, la nature, qui mesure si savamment à nos forces le fardeau des peines, des besoins et des tâches, nous dispense enfin de la clarté cruelle. Sa victime étant épuisée, elle n'a plus rien à éclairer de digne d'elle. L'homme de l'hémisphère a enduré ses douze heures de vie. Elle le jette dédaigneusement à la nuit. Elle le restitue même à demi, par le sommeil, à la clémence du bon néant, qui seul a pitié de lui et qui l'aime. L'ombre dorlote son enfant ténébreux.

Mais dans les cités, où est la révolte, l'homme, orgueilleux de sa race affinée et fier de ses conquêtes scientifiques, résiste à ce passage brusque du labeur au repos, à ce plongeon subit de la lumière à l'obscurité, car c'est trop de vie d'une part et trop de mort de l'autre. L'âme proteste. Il se crée alors un temps factice, pris au trop plein du jour et au trop plein de la nuit, diurne et nocturne, demi-actif et demi-fainéant, qui ouvre un champ d'essor aux rêves et leur permet d'essayer leurs ailes lourdes. C'est l'heure du plaisir, oubliée par le Créateur, une retouche ironique à son œuvre, l'heure du Théâtre. Ce n'est pas l'heure de la vérité, ce me semble.

LA DANSE DES MUSES

QUE D'ART! QUE D'ART!

Que d'art!...

La quantité de Français, nés malins, qui ne peuvent pas faire autrement que d'être grands poètes, grands peintres, grands musiciens, grands statuaires ou grands dentistes, au choix et sans préférence, est telle que Paris en devient inhabitable. On n'y rencontre plus que des génies. Seuls les simples gens d'esprit disparaissent. Quant au talent, c'est toujours la même dose. Très rare. Mais les génies, oh! comme ils surabondent! Nous vivons en des temps de vocations effroyables. Que d'art! Que d'art!...

C'est à ce point, je crois, que si, dans une famille honorable, un enfant s'avisait de témoigner d'un goût décidé pour le commerce, l'agriculture ou la douce colonisation, d'affreux soupçons viendraient au père sur l'origine du monstre. Non seulement il accuserait la maman d'adultère, mais il chercherait encore avec quel Américain elle a pu le commettre, car, du sang latin, il ne peut sortir *que des artistes!* Cet enfant, qui n'est pas comme tous ceux de sa race, doué par toutes les Muses, ne saurait être qu'un produit du Nouveau-Monde.

Il y a même là un effet nouveau pour le théâtre que Sarcey m'accuse de rêver.

Voici — vous me permettez? — comme je l'imagine.

LE PÈRE. — Approche, mon garçon. Tu es majeur, donc la nature a parlé en toi. Prends ces brosses et cette palette, et fais-moi un Rubens! J'attends.

LE FILS. — Je ne sais pas.

LE PÈRE. — Alors saisis cet ébauchoir, et dans cette motte de terre glaise, égale, sous mes yeux, Michel-Ange.

LE FILS. — Je ne peux pas.

LE PÈRE. — Voici un dictionnaire de rimes. C'est celui de Rothschild lui-même. Double ou dégote Victor Hugo en ma présence.

LE FILS. — Ce serait avec plaisir, mais!...

LE PÈRE. — Tu vois dans ma main tremblante un os de mouton. Sache t'en emparer et arrache moi une dent, sans douleur, à moi-même. Je me sacrifie.

LE FILS. — Mais, papa !...

LE PÈRE. — Minute. Tu m'appelles ton père. Le suis-je? Cela dépend de ta vocation. Latin, né d'une Latine, quelle est-elle, ta vocation ?

LE FILS. — Je voudrais gagner trois millions dans les suifs !!!...

LE PÈRE. — Et tu te dis mon fils ! Arrière, tu n'es même pas Français! Tes onze frères sont plus ou moins de l'Institut, de l'Académie, ou au moins du Chat Noir. Pas un qui ne touche de l'aquarelle, ne rende les Lanciers sur le piano et n'ait publié quelques stridences lyriques chez Lemerre. Tes huit sœurs gazouillent comme l'oiseau même et enterrent la Malibran tous les jours. Tes cousins pincent de tout et parmi nos connaissances et amis je ne sache personne qui n'ait droit, soit sur la flûte, soit sur le tambour, au titre de « Cher maître. » Le moins doué est photographe ! Tu n'es donc pas des miens. Tu viens d'Amérique. Retournes-y, bourgeois!

Et il le chasse. Aux actes suivants, le jeune homme, déshonneur de sa race, car il n'est pas artiste, fait graduellement, dans les suifs rêvés, une fortune énorme, devers Chicago ou Cincinnati. Puis il revient s'éprendre de la fille d'un tourneur de cannes d'art. Il est même aimé de cette vierge, porcelainiste éminente, qui ne peut pas voir une assiette blanche sans y déposer des fleurs peintes. Malgré les différences de position, car le tourneur est pauvre et tourne en vain, il risque sa demande.

— Un épicier dans ma famille, jamais ! » s'écrie l'artiste en cannes. Et il flanque le jeune millionnaire à la porte (de droite), tandis que, par celle de gauche, il introduit un statuaire n'ayant pas mangé depuis huit jours, et par conséquent Français, qui est le gendre de son choix.

Le désespoir du jeune millionnaire devient immense. Retourner en Amérique, pourquoi faire? Il y a réalisé son rêve de suif. D'ailleurs il aime la France, car, quoique dépourvu de génie artistique, il y est né. Est-ce sa faute si sa mère a eu un regard pour une outre de saindoux? Il voudrait rester à Paris, quand cela ne serait que pour consommer ces produits d'art que tous multiplient et qu'aucun n'achète. Il y restera. Sa résolution est prise. Il deviendra artiste comme les autres, ses compatriotes, et il aura la jeune fille !

Il envoie donc sa fortune à la Société Taylor, pour aider à l'extension des salons annuels. Puis il grimpe dans une mansarde et il se met à faire des tableaux en cheveux — avec les siens ! Il sera chauve, mais il aura de la gloire. Le genre est peu exploité. Il y excelle. Le voilà « Cher maître », comme nous tous. Et Turquet se présente.

M. Turquet, à qui rien d'artiste n'échappe, se présente au nom du gouvernement et il commande au maître nouveau, le quarante millionième du catalogue, une copie capillaire des *Noces de Cana*, grandeur d'original.

Alors le père pardonne ! Le tourneur s'apaise, La porcelainiste pleure, on s'épouse, et la France bénit le seul artiste qu'elle n'eût pas encore.

Quant au statuaire, pour avoir voulu renoncer à la sculpture, il est arrêté, condamné à mort et guillotiné. Car il faut aussi des exemples.

Telle est la pièce, ou du moins telle serait-elle si Sarcey m'en laissait faire. Mais je le connais, au premier abord, il jugera la donnée exagérée. Qu'il se paie un second abord et il en admirera la vérité magnifique. Cependant la scène ne peut se passer qu'à Paris, soit dans une ville où l'on n'oserait pas ne pas être un grand artiste de peur d'être ridicule, et où le manque de génie fait remarquer.

Me demander s'il y a un Desgenais dans l'œuvre, c'est me demander si je sais mon métier. Il y en a un. Ce personnage, que j'ai fait aussi grinchu qu'il est permis de l'exiger de ma nature souriante, est surtout insupportable en ceci qu'il veut savoir tout le temps ce qu'on entend en France par l'expression : une vocation contrariée.

— Qu'est-ce que c'est que ça, s'écrie-t-il, une vocation contrariée, chez un peuple où tout peint, où tout rime, où tout sculpte et où tout bémolise ? D'où vient cette absurde légende des parents de province, qui couperaient les vivres à l'héritier s'enfuyant à Paris pour être grand homme ? J'offre un lapin de neige aux yeux de rubis à celui qui me montrera un jeune Français ayant voulu graisser la toile retentissante et dont le père ne se soit pas ruiné pour satisfaire à cette vocation. Dans le budget de toute famille il y a une somme réservée à la publication du premier tome de vers par lequel tout cocquebin débute dans la vie. On ne se marie plus sans avoir exposé !

— Eh bien ! continue mon mauvais singe de Desgenais, Je me dresse et je dis à la France, ma patrie : Tu as trop de génie, il faut te saigner. Tous tes murs sont peints. Tout ton papier est usé. Tu n'as plus de terre glaise, sorte d'argile impure. De toutes tes fenêtres ruisselle une mélodie et celui qui voudrait une minute de silence ne la trouverait pas dans tout le territoire. Il est donc temps d'aviser. Je propose un ministère de Découragement artistique.

— Décourageons à tour de bras! Fondons des concours de renoncement au génie. Donnons des primes à ceux qui jureront de jouir de l'art sans en faire. Décorons de la Légion d'honneur, pour services exceptionnels, ceux qui brûleront leurs œuvres complètes en place publique. Distribuons des préfectures aux braves qui, bondissants, passeront à travers leurs toiles et retomberont à cheval, ou qui, ajustant des tubes à leurs statues, en feront des fontaines jaillissantes. Et que tout citoyen convaincu de musique personnelle soit attaché à un piano éternel et marchant toujours! Car il est inhumain, terrifiant et grotesque que, sur quarante millions d'habitants, un peuple compte quarante millions d'artistes, tous doués comme père et mère, et ne pouvant ni manger, ni boire, ni démanger, ni déboire, sans que ce soit l'art qui entre en eux — ou qui en sorte.

Entre ces quarante millions de vocations on doit compter quelques erreurs de la nature — ou de l'éducation. Il y a, je l'espère, des méprises, des confusions, des emballements attendris, et si Dieu protège la France, ce n'est pas pour qu'à la prochaine guerre les canons de Krupp jonchent le sol de cent mille Raphaels, Mozarts, Jean Goujons,

Racines mêlés à cent mille Molières, Beethovens, Michel-Anges et Shakespeares confondus, tous de la garde nationale et boulangistes !

— Car enfin, ajoute Desgenais, dans les arts, outre le don, il y a le métier, et c'est à lui que ça commence. Le métier, c'est le chiendent. Et alors il faut travailler. Et ça, c'est horrible.

LA LANGUE FRANÇAISE

Lorsqu'il nous déclare, et avec quel sourire de confident des dieux ! qu'il faut douze cents ans à l'Académie pour achever son dictionnaire, n'allez pas croire au moins que M. Renan badine ! Non seulement il ne badine pas, notre petit Châteaubriand aux pommes, mais il est très grave, et même, s'il ne nous parle que de douze cents ans, c'est qu'il ne veut pas nous décourager. La vérité sur le dictionnaire est bien plus cruelle encore !

Le dictionnaire est une des arches saintes de la nation française. On n'y peut point toucher sans tomber en poussière. Ce legs de Richelieu est sacré, et le peuple, qui ne croit plus à rien, y croit. Depuis trois cents ans, — ce qui, ajouté aux douze cents de M. Renan, fait quinze cents, — il n'est pas un Français qui ne s'endorme, le soir, en disant à sa Française :

— Ecoute, bien-aimée, ce bruit de matériaux remués que tu entends au bout de la Seine, là-bas, devers le bi du bout du pont des Arts, c'est le bruit du dictionnaire. On forge la langue ! Quarante forgerons, la poitrine nue jusqu'à la ceinture, travaillent nuit et jour dans l'usine du Cardinal Rouge. Ils saisissent le verbe brut entre les mâchoires de leurs pinces lexicographiques, ils le tournent et le retournent. le battent sur l'enclume, le rougissent à blanc, le tordent, le laminent et le forgent, enfin, comme saint Eloi l'orfèvre pendant que son fils Oculi soufflait !... M. Renan, l'un d'eux, assure qu'ils en ont encore pour douze cents ans avant d'avoir fini leur besogne. Dans douze cents ans, ô bonheur ! la langue sera forgée et tous les mots qui la composent seront de bronze et sans pailles.

L'idée d'ériger à la langue française un monument de ses vocables et de son verbe en un vocabulaire officiel et définitif, foulant le passé de cette langue et éliminant d'avance son avenir, est à peu près aussi ingénieuse que le serait celle d'empailler une poule pour en avoir des œufs frais. Que déjà Richelieu l'ait eue, cette idée extraordinaire, au seizième siècle, après Montaigne, Rabelais et la

Pléiade, ce serait inexplicable si l'on ne savait combien l'esprit despotique aveugle les plus clairvoyants. Encore le cardinal a-t-il l'excuse d'avoir cru que l'unité de la langue aidait à l'unité politique.

L'Académie devait lui présenter quelque chose comme un creuset des patois, un alambic général des provincialismes, des idiotismes et des locutions de terroir ; c'est ainsi du moins que je l'imagine. Mais si le dictionnaire était utile à cette époque, — et je me demande en quoi, — de quel intérêt est-il aujourd'hui, cent ans après la Révolution française, à l'âge des locomotives, des phonographes, des vélocipèdes, des torpilles, des microbes et de l'électricité, au milieu du tohu-bohu scientifique, industriel, artistique et social qui bouscule ses arrêts, renverse ses définitions, transgresse sa doctrine et le flanque par-dessus le parapet, lui et son institution cardinalesque ?

Mais, pour que, même dans douze cents ans, il fût loisible à l'Académie de constituer enfin ce dictionnaire, il faudrait que le mouvement de 'humanité s'arrêtât et qu'il ne passât plus chez nous de caravanes portant des torches devant elles. Plus de découvertes, plus de mots nouveaux. Alors le néologisme s'arrêterait avec la vie, et l'on résumerait. Est-ce donc, ô Renan, que dans douze cents ans tout doit être dit et exploré, que tous les cercles seront quadrifiés, et que le génie de la race française au moins aura atteint à son expression suprême ? Peut-être est-ce là en effet le sens ironique de ce rendez-vous à douze siècles d'ici que vous donnez aux philosophes, délicieux poseur de lapins que vous êtes ! « Dans douze siècles, sous-entendez-vous, il y aura toujours quelque chose de mort, moi, la Langue, ou la France ! »

M'est avis que ce ne sera pas la langue ! Non, ce ne sera pas la langue, à la condition que, patriotiquement rebelle à l'erreur du cardinal, l'Académie renonce tout à fait au dictionnaire et lâche la bride aux néologismes. Car tout est là. Le barbarisme est le salut.

Celui-là serait un sorcier de première force qui pourrait garantir à l'Académie que, dans cent ans seulement, les mots aujourd'hui les plus usuels auront conservé leur acception actuelle pour nos neveux, et que celui de dictionnaire lui-même ne sera pas remplacé par un autre. La langue d'un peuple, aussi riche qu'elle soit et quelque pure qu'elle veuille demeurer, subit toujours les secousses, soit morales soit politiques, et géographiques même, qui bouleversent ce peuple. Elle réfléchit ses progrès comme ses reculs, ses chances autant que ses désastres. Mobile comme lui, elle est l'ombre même que sa barque projette sur l'eau, exacte et tremblante, tantôt à droite et tantôt à gauche, selon que le soleil tourne et l'éclaire. Il n'y a pas de loi pour la conservation des mots parce qu'il n'y en a pas pour leur formation.

Pour la même raison c'est folie que de vouloir exclure ceux qui naissent dans la gueule du monstre, au hasard d'une douleur, d'une joie ou d'une sensation reçue. Ils venaient jadis du latin et des langues pédagogiques, ils viennent à présent des langues commerciales ; que t'importe, ô Académie, puisque tu dois les enregistrer un jour ou l'autre, puisqu'après l'horreur de « fiacre », il t'a fallu accepter le tourment de « omnibus », pour en arriver au supplice de « tramway », sans compter ceux que l'Amérique te prépare. Qui suivra à travers les lèvres humaines les transformations par lesquelles le mot grec « Eïroneia », qui se traduit par accouchement, est arrivé à faire : ironie ? A quelle période évolutoire le cardinal en eût-il fixé l'acception nationale, et quel Buffon saura la couleur du papillon qui doit sortir d'une larve ?

La vertu des langues, c'est le néologisme, et Littré, qui n'était pas une bête, l'avait parfaitement compris. Son dictionnaire est le temple à la fois et l'hôpital de tous ceux qu'on a lancés dans la circulation depuis soixante ans, et les plus étranges y ont trouvé asile. J'en ai là pour ma part un certain nombre d'assez franche venue dans le hardi, par où j'aurai payé tribut de barbarisme à mon siècle. Lorsque je tenais la férule de critique d'art au *Journal officiel*, je m'amusais à en ramasser de drôles dans les ateliers et je les imprimais tout vivants dans cet organe sévère. Ils y produisaient des effets de chandelle romaine, mais j'étais sûr que Littré les recueillerait. Il les recueillait en effet et il en enrichissait la langue.

S'en porte-t-elle plus mal? Je ne crois pas. Le lexique de la critique d'art est d'une pauvreté extrême et j'ai fait quelques heureux. Il y a des gens à présent qui peuvent exprimer leurs sensations devant un tableau et dans des termes pittoresques et représentatifs. D'autres viendront qui trouveront mieux encore et qui dégoteront (dégoter, M. Renan!) mes pauvres néologismes ; ils iront dans le supplément, car Littré a trouvé le véritable dictionnaire et sa forme moderne, soit le dictionnaire qui remue et qui se renouvelle tous les six mois et qui se superpose en s'excluant. C'est le bon, et l'on n'a pas à attendre douze cents ans pour en jouir.

UNE SÉANCE DE DICTIONNAIRE

A L'ACADÉMIE FRANÇAISE

Depuis le jour où M. Renan, égaré au Vaudeville nous avait déclaré qu'il faudrait encore douze cents ans à l'Académie pour achever le Dictionnaire, je n'avais plus qu'une idée fixe, et c'était d'assister à l'une des séances mystérieuses pendant lesquelles les Quarante élaborent ce travail gigantesque. Que s'y passait-il, sous la coupole sonore, les après-midi du Dictionnaire? Cela devait être quelque chose comme une forge embrasée, où quatorze cyclopes, ruisselants de sueur, coulaient le bronze des mots et martelaient la platine du verbe. Grâce à la complicité de Pingard, qui jamais ne fut plus aimable pour un journaliste, j'ai pu réaliser mon rêve. Soigneusement caché dans la salle, mais placé pour tout voir et pour tout entendre, j'ai tout vu et tout entendu, mercredi dernier. Voici :

15 février. — Mercredi des Cendres.

Personne encore dans l'enceinte. Deux heures sonnent au cartel. J'ai ma lorgnette de théâtre. Je la braque. Rien. Un temps de chien dehors. Neige fondue. Paris est gris et gras. De ma cachette, d'un coup d'œil, j'enfile le pont des Arts jusqu'à la cour du Louvre. Nul immortel sur ce pont. Pingard m'aurait-il posé un lapin lexicographique?

Une porte s'ouvre enfin. Quelqu'un entre dans l'enceinte. C'est M. le secrétaire perpétuel. Est-ce un spectre, ce vieillard doux et subtil? Non, il tousse. La toux aussi est une voix humaine.

Il se dirige vers un casier contenant vingt-cinq volumes énormes, pareils à des grands livres de commerce. Il en tire un, le premier à gauche, sur le dos duquel je distingue la lettre A, en majuscule. Il le roule sur une petite voiture à roulettes jusqu'à une table, vaste, sur laquelle il l'installe. Il l'ouvre à la première page et secoue la tête. Je braque ma lorgnette! La première page même est blanche. C'est évidemment le Dictionnaire.

Un immortel pousse la porte. Brroumm! fait-il. Le Perpétuel va au-devant de lui et le salue.

— Mon cher maître, vous êtes le premier! C'est

comme partout, ajoute-t-il galamment, et toujours.

— J'arrive pourtant de Croissy, observe le nouveau venu, homme de haute stature, portrait vivant de Henri IV, et dont le nez busqué, cassé très haut, considérable et formant éteignoir, empêche seul les petits yeux, étoiles étincelantes, de se joindre et de mêler leurs feux.

— Tiens! Augier est déjà là! fait une voix à la cantonade. Ce que c'est que de demeurer à la campagne!

Ah! celui qui entre, je le connais bien et je l'aime de tout mon cœur. Très grand aussi, mais se tenant plus droit, il porte autour d'un front hautain l'orgueil de ses cheveux crespelés. Tout en lui respire l'assurance que donne la chance, cette vertu suprême du siècle dix-neuvième. La brusquerie des êtres réellement bons, honteux de l'espèce humaine et du quiproquo de la vie, caractérise son geste, sa démarche et sa parole. C'est Dumas. Il aborde Augier en souriant, et tous deux se mettent à rire, du rire de Paris, de ce rire dont le cristal est fait d'une larme vitrifiée.

Et, de dos, se présente un troisième immortel. Un gros bonhomme, court sur ses pattes, frileux, les mains engagées dans les manches, semblable à quelque bedeau hérétique à qui l'eau bénite brûle les doigts. Nez bulbeux et tuberculeux, comme celui du Ghirlandajo du Louvre, dans la galerie des Primitifs. Ce Quarante, comme les deux autres, est une des gloires de la patrie française ; son seul grand prosateur contemporain peut-être ; il s'appelle Renan.

Par un contraste saisissant, l'immortel qui vient après lui sous la coupole est beau comme le Jupiter de Phidias. De longs cheveux, blonds encore, lui bouclent sur les épaules et découvrent un front marmoréen qu'aucune douleur moderne n'a ridé. Il s'assied auprès de Renan, dans un coin, et, à mi-voix, tous deux, ils confabulent des mythes anciens et des temps révolus. C'est Leconte de Lisle, le poète.

—Messieurs, dit le Perpétuel, nous pouvons commencer. L'Académie Française est au complet.

Ils n'en veulent rien croire, modestes. Le Perpétuel leur explique alors que, comme d'habitude pour les séances de lexicologie, les ducs se sont excusés. — Nous ne pouvons que vous gêner, ont-ils écrit. — Quant aux jeunesses académiques, confiants dans leurs chefs de file, ils s'en remettent sur eux de la besogne. Ils jettent leurs dernières étincelles, ainsi que de leur âge, dans le monde où l'on s'amuse. Les professeurs donnent des leçons en ville, à cinq francs le cachet, car les immortels doivent vivre comme les autres. D'où leur absence. Quant aux savants, ils ont oublié le jour, l'heure, leur fonction peut-être et le monde ambiant, « le monde où l'on ambie », dit-il. Les explications fournies, le Perpétuel ouvre la séance du mercredi, dite séance du Dictionnaire.

Du haut du ciel Richelieu tend l'oreille. Moi, je l'y vois, avec ma lorgnette.

Le Perpétuel. — Vous savez que nous en sommes à la lettre A, la première de l'alphabet et des cinq voyelles?

Émile Augier. — Naturellement. Mais à quel mot? Je ne me rappelle jamais le mot que nous avons béni la séance précédente.

Le Perpétuel. — Vous n'en avez béni aucun. Vous avez surtout parlé d'autre chose. Depuis la mort de feu Villemain, vous avez à statuer sur le sort de : Abracadabra.

Alexandre Dumas. — Déjà? comme le temps passe!

Leconte de Lisle. — Abracadabra est un beau mot, beau surtout pour lui-même, sonore, et qui remue les mandibules. Prononcé fréquemment et avec une vitesse graduée, il exercerait la diction au Conservatoire. Je n'en pense ni moins ni davantage.

Ernest Renan. — Abracadabra est cabalistique et onomatopeux !

Tous. — Onomatopeux ! Oh !...

Le Perpétuel. — Onomatopée n'a pas d'adjectif, cher maître.

Ernest Renan *(Il chantonne)*. — Nous saurons cela, Camille, dans douze cents ans !...

Un peu décontenancé, M. le Perpétuel prie l'Académie de voter au moins dès à présent pour ou contre Abracadabra. « La France attend ! dit-il, et les siècles s'envolent ! » Alors, Alexandre Dumas jette en l'air un jeton de présence.

— A pile ou face, s'écrie-t-il, en riant.

Mais le jeton retombe dans son gousset distendu, car cet immortel est prestidigitateur éminent. Surprise et gaieté générales dans l'enceinte. Le Perpétuel propose d'épingler au mot Abracadabra l'abréviation : « Inus. », qui veut dire : Inusité.

Et Richelieu tend de plus en plus l'oreille dans les nuées.

Le Perpétuel donne un coup de sonnette, et, d'une voix qu'il s'efforce de rendre grave :

— Nous passons à : ABRACADABRANT, fait-il.

Une protestation énergique accueille cette proposition. Vous voulez tuer les immortels de leur vivant même ! Qu'est-ce que nous laisserons à faire à nos héritiers ? Nous avons douze cents ans devant nous! Faut-il nous exténuer de travail, à nos âges?...

ÉMILE AUGIER *(à Renan).* — Le moment est venu, je crois, d'en griller une. Et il offre des cigarettes à son coquarante.

ERNEST RENAN. — Merci. Je ne fume pas, mais je lis le *Petit Journal.* Il tire cet organe de sa profonde, le déplie et court visiblement au feuilleton.

LECONTE DE LISLE. — A moi le Ramayana! (même jeu).

ALEXANDRE DUMAS *(à Émile Augier).* — Mon cher, en voici une bien bonne. Si vous la connaissez, arrêtez-moi. C'était dans une de vos pièces.

ÉMILE AUGIER. — Pardon, une des vôtres, Alexandre!

ALEXANDRE DUMAS. — Mais non, puisqu'il s'agit d'une cinq centième. Donc, la petite Tarentule, une mousseuse, avait un béguin pour un cabot, lequel n'avait pas un fifrelin. Il s'agissait de faire casquer son Brésilien.

ÉMILE AUGIER *(levant les bras).* — Quand je pense que je vous comprends, quoique de l'Académie!

LE PERPÉTUEL. — Messieurs, je suis au désespoir de vous interrompre; mais vous n'êtes que quatre pour forger la langue, il faut la forger. Abracadabrant, d'où plus tard abracadabrance, est l'adjectif nécessaire du mot auquel vous avez fait l'honneur de le recevoir à corrections. Au nom du Cardinal, de Colbert, de Louis XIV et de madame de Sévigné, je vous adjure de ne pas vous séparer sans avoir fait un sort à ce vocable. Il languit. Ouvrez-lui le sein national, ou fermez-le lui, car il faut qu'un sein soit ouvert ou fermé. Que faisons-nous d'abracadabrant?

— Nous en faisons : épatant ! s'écrie Renan en froissant son *Petit Journal*.

— Est-ce que nous sautons à l'E? demande Dumas.

— Messieurs, interjette Leconte de Lisle, nous roulons dans l'argot et la confusion. Épatant n'est pas mûr pour l'immortalité lexicographique. Abracadabra (Inus.) conduit nécessairement à abracadabrant, et je m'épate qu'ayant le mot du verbe nous n'ayons pas le verbe du mot. Du reste, il fait très froid aux pieds et je ne vous cèle point que je me carapatte. Sachez seulement qu'abracadabra rime opuleusement avec Alhambra.

— Et avec mademoiselle Subra, dit Dumas.

— Dans douze cents ans, qui le saura? demande Renan.

LE PERPÉTUEL. — Messieurs, la séance est levée.

ÉMILE AUGIER. — C'est une de nos bonnes.

ÉTUDES DE LOGIQUE

LE JEU

Je n'ai jamais mis le pied dans un cercle, et, quant au baccara, voici : lorsqu'on me l'explique, je le comprends ; mais, l'explication terminée, je ne me souviens plus de rien du tout. Il en résulte que je ne peux pas y jouer. Alors je n'y joue pas. En fait de jeux, je vais jusqu'au bilboquet, mais pas plus loin. Le bilboquet est clair, sa combinaison est simple : on prend un trou dans une boule et on le comble au vol ! Mais il faut être adroit pour réussir. Comme je ne suis pas adroit, je ne joue pas non plus au bilboquet.

— Alors, à quoi jouez vous?
— A rien.
— Que faites-vous donc pour vous désennuyer?
— Je vis, ou tâche de vivre, sous les lois.

Il est possible, d'ailleurs, que le baccara soit amusant pour ceux qui l'entendent, et j'ai vu des personnes si passionnées pour le bilboquet qu'elles y jouaient, en marchant, dans la campagne. Je les envie si elles sont heureuses. Mais le sont-elles ? Tout est là. Le piano passe bien pour un art d'agrément !

Tout ceci est pour vous dire que l'impôt sur les cercles n'aura pas en moi un brillant contribuable. Mais il ne m'est pas interdit d'en raisonner, malgré mon inaptitude. — Nous vivons (si c'est vivre) à une époque où, sans argent, l'honneur n'est qu'une maladie, ainsi que professe le Petit-Jean des *Plaideurs,* de telle sorte que pour en avoir, on imposerait les impôts mêmes. Si donc la passion du jeu peut rendre des deniers à l'État, je suis Français, mon pays avant tout, qu'elle lui en rende ! Je vous donne seulement à observer ceci que, imposer le jeu, c'est le « reconnaître ». Or, toute la question est là. Est-il légal ou antilégal de jouer ?

— Cela dépend des enjeux engagés, répond assez sottement la philosophie sociale. Un enjeu de deux sous n'est point illégal ; un enjeu de deux cent mille francs l'est ! — Pourquoi, si les joueurs sont deux Rothschild, par exemple? Dites-moi, je vous prie, en quoi l'Américain M. Jay Gould (qui vaut deux milliards), s'il joue un million à l'écarté à M. Vanderbilt (lequel représente un milliard et demi), attente plus à la pudeur de Thémis que l'ouvrier, ayant dix sous, qui en risque deux au tourniquet du mannezingue? Si M. Jay Gould perd un million, il lui en reste dix-neuf cents autres; sa famille n'a rien à craindre. L'ouvrier, lui, n'a plus que huit sous, quand il en a perdu deux de dix, et par conséquent il s'expose davantage, lui et les siens. Donc il joue *plus gros jeu* que le milliardaire.

Décider du jeu par la mise, c'est à peu près décider de l'adultère par la qualité de Sganarelle. L'adultère est un crime, s'il en est un, dans le château comme dans la chaumière. « Jouer, c'est prévariquer », dit le législateur. Prévariquer contre quoi, ô chère société, qui ne crois plus à rien, on se le demande! Mais enfin c'est prévariquer! Le hasard n'a pas la parole sur la fluctuation permanente des fortunes, et tout le monde sait que cette fluctuation est uniquement réglée par les rapports normaux du travail et du salaire. C'est pourquoi le jeu est toujours illégal, et partout, la valeur de l'enjeu n'ajoutant et ne retranchant rien au délit uniforme de jouer. Telle est la pensée du législateur, si jamais législateur pensa.

Il est vrai que l'État vend des cartes. Il a même

le monopole exclusif de ce trafic. Or, les cartes servent, je crois, à jouer. Si elles ne servaient pas à jouer, à quoi serviraient-elles? Je vous défie de les appliquer à n'importe quel autre usage. De telle sorte que lorsqu'un commissaire de police, pensée vivante du législateur, entre dans un tripot et le saisit, la dame tripotière est déjà en droit de s'écrier : Pardon, monsieur la pensée vivante ; mais ces cartes, corps du délit, dont vous vous emparez, je les ai achetées et payées au gouvernement le plus logique de l'univers. C'est lui qui, par privilège unique, peint ces beaux as de pique et débite ces admirables dames de cœur à deux têtes dont l'art s'augmente de l'atout. Avant d'aller plus loin remboursez-moi les cartes, ou bien l'État n'est qu'un voleur !...

Car — axiome — dans un pays où l'État vend les cartes à jouer, tant qu'une loi n'est pas promulguée disant : « Les cartes doivent être employées exclusivement aux réussites » — le jeu est autorisé et même consacré par les pouvoirs publics; toute vente implique l'usage de l'achat.

Mais que sera-ce si, forte de notre nouvel impôt sur les cercles, la dame tripotière exhibe au commissaire sa bonne quittance de contributions, prouvant et démontrant patente? A quoi pensera la pensée vivante du législateur, triste pensée bredouille, hélas! sinon à ceci que le jeu est libre en France et qu'il a payé sa rançon à la République? Je vous le dis en vérité, avec l'impôt sur le jeu, il n'y a plus de délit de jeu et voici encore un excellent vice de l'homme rendu à l'humanité par la force de la civilisation!

Serais-je Caliban si je m'en affectais? Ma philosophie est à dose telle de fatalisme que je ne joue même pas, de peur de croire au hasard. Le bilboquet est ma mesure. Combler un trou au vol me paraît être le point culminant de l'union du libre arbitre avec la fortuité, le point où le sage s'arrête et attend le bonheur.

Oui, il y a encore trop de croyance pour moi dans cette passion du jeu ou toutes les superstitions se greffent d'elles-mêmes, et, latrie pour latrie, si j'éprouvais le besoin d'une foi, je choisirais d'autres icônes que l'as de pique, car il y en a de bien plus jolies dans les différents cultes où s'est raccrochée la pauvre âme humaine.

Non seulement le joueur est un croyant, mais il est un crédule que l'incertitude rend fou, attendu qu'il est en adoration perpétuelle devant son idole tournante, qui tantôt vire à pile et tantôt à face, et n'est en somme qu'une toupie, sans que cette adoration lui en révèle la divinité. Ce prêtre ne verra jamais son dieu. Il lui fait le sacrifice stérile de sa vie et il se dépouille inutilement devant lui de cette volonté qui est le vêtement naturel et le poil de l'homme. Personne ne le voit ni ne l'écoute. Il pleure ou rit dans le vide. Il s'en va de ce monde sans même avoir gagné, ni perdu, équilibré à son propre renoncement d'être, ni bon ni mauvais, mais stupide. C'est la girouette qui cesse d'évoluer sur un toit, parce qu'elle est brisée, ni plus ni moins. Possédée du vent, elle ne l'a jamais possédé.

Mais le législateur n'est ni un moraliste ni un philosophe. C'est un homme d'affaires, quelque chose comme un intendant social, chargé de tirer parti et revenu de tous les produits, fleurs ou fumier, d'une société. Le vice doit y rendre autant que la vertu, et nous entrons enfin dans une ère de République pratique si nous commençons à le comprendre. Qu'importe qu'elle « reconnaisse » le jeu en l'imposant, si elle augmente par cet impôt la fortune publique! Ce n'est pas à composer un budget d'État que le chrétien fait son salut. Le grand ministre des finances serait la canaille patriote qui créerait un vice nouveau pour le taxer. Le tabac est un poison. L'alcool en est un autre. Osera-t-on, sous prétexte de santé publique, renoncer aux subsides que nous procurent leurs assassinats? Quant à la prostitution, c'est le pactole français. Vous pouvez la maudire, mais la supprimer, jamais. Avec quoi paierait-on le gaz qui l'éclaire?

C'est peut-être parce que je ne suis point joueur et ne comprends rien au baccara que j'en traite de la sorte, mais, député ou sénateur, je rendrais le jeu à mon pays et je lui rouvrirais cette source inexhaustible de revenus. La morale qui nous prive de cet impôt est une fort belle morale, certes, et qui donne des saints à l'Eglise, mais elle n'enlève pas un damné à l'enfer, car celui qui doit jouer jouera, et cela est écrit, et nul doigt divin n'en a rayé l'arrêt. L'amour du jeu est le signe de la faiblesse d'âme et de l'involonté modernes.

J'ai connu autrefois à Menton un de ces pauvres êtres, n'ayant que demi-âme et ne pouvant pas vouloir. Il était professeur de français pour poitrinaires anglais, et gagnait cent francs par mois. Tous les soirs, il partait à pied de Menton et s'en allait à Monte-Carlo mettre cinq francs sur la rouge ou la noire. Et puis, il revenait, toujours à pied, et se couchait, ayant perdu ou gagné, n'importe, car cela lui était totalement indifférent. Il avait fait ses trois lieues pour jouer. C'est à lui que je dois de ne rien avoir compris au jeu et à ses combinaisons, car tandis qu'il m'expliquait le trente et quarante, je le regardais et je voyais tourner, tourner la girouette de cet esprit lamentable, et j'entendais craquer tous ses ressorts faussés.

Un jour il me mit en rapports avec un professeur de martingale, nommé J..., qui n'était rien moins que le propre fils d'un célèbre archéologue, membre de l'Institut et commandeur de la Légion d'honneur. J'en avais beaucoup entendu parler par Emile Augier, dont il avait été l'ami, et qui m'avait même chargé, si je le rencontrais, de lui dire qu'il l'aimait toujours. Ce malheureux était tombé dans un état de dégradation à tirer les larmes.

— J'ai à vous présenter le bonjour, lui dis-je, de la part d'un Parisien qui ne vous a pas oublié.

— Qui donc? fit-il, secoué de sa langueur morne.

— Émile Augier.

— Ah!... Augier!... Quoi! vous le connaissez? Il pense encore à moi?... Oh! que vous me faites du mal sans vous en douter. Il venait chez mon père. Je l'aimais tant. J'étais à la première de *la Ciguë*!... *La Ciguë*!... *La Ciguë*!... Emile, mon cher Émile!...

Et il fondit en larmes.

TRISTESSE DU DIMANCHE

L'ennui du dimanche à Londres est une des gloires nationales de l'Angleterre. On l'attribue à plusieurs causes, qui, toutes, sont la bonne, évidemment, puisqu'une seule d'entre elles suffirait à donner la somme d'ennui de toutes les autres. Enfin c'est un ennui admirable que le spleen dominical, à Londres! Le pauvre de Nittis l'avait, je m'en souviens, portraituré en une toile grandiloquente. Elle représentait une rue de la City, longue, longue, noyée dans le brouillard, où il n'y avait personne. Seul, un policeman, immobile sur un refuge, son bâtonnet à la main, bâillait! Et voilà tout. C'était un chef-d'œuvre.

Eh bien! j'ai vu plus morne, — et en France! J'ai vu le 14 Juillet à la campagne.

Ah! quelle fête, République, ma mère! Est-ce que vraiment on ne pourrait pas investir les maires du droit de forcer les gens à danser en rond? Car enfin cela n'est pas possible, et Marianne est plus gaie tout de même qu'on ne le laisse croire aux paysans. Je vous assure qu'ils célèbrent l'anniversaire de leur libération comme on célèbre un bout de l'an. Ils doivent se tromper, et confondre avec la mort de Louis XVI.

Dès la veille de la fête, le vendredi treize, j'en avais eu un fâcheux pronostic. Il faut vous dire que, sur la dune que j'habite, l'eau est rare et que force m'est, en ce moment, d'y faire creuser un puits. Or, dans le sable, au bord de la mer, le métier de puisatier est dangereux et pénible, et, toute la semaine, mes braves ouvriers s'étaient escrimés du croc, du broc et de la pelle, parmi les éboulements, les glaises grasses et les rocs. Donc, le vendredi treize, j'allai tailler avec eux un bout de bavette bretonne.

— Bonne journée, celle de demain, leur dis-je, Journée de fête, de repos et de plaisir! Si le temps est favorable, vous allez vous en fourrer jusque-là, en l'honneur de la République.

Ils se prirent à rire, de ce rire doux qu'on a sur nos côtes, et qui est teinté de la grande tristesse de la mer.

— Oui, fit le plus âgé, un borgne à qui un coup de mine a arraché un œil, oui, demain, à cette heure, plus d'un en aura son compte! Mais moi, je ne bois plus, depuis la mort de la bourgeoise. J'ai juré!

Stupéfait d'avoir été compris de la sorte par ce bonhomme :

— Ne peut-on, repris-je, s'amuser sans boire!

— A quoi, monsieur? dirent les autres naïvement.

On avouera que cette philosophie rurale de l'ivrognerie, considérée comme unique divertissement civique, était bien faite pour intéresser un républicain croyant et pratiquant. Elle m'alla à l'âme!

— Ainsi, demandai-je, vous n'imaginez pas dans les campagnes d'autre moyen de festoyer et de vous ébattre que de vous griser au cabaret?

Ils me regardèrent, méfiants et surpris, comme les anthropophages doivent regarder le missionnaire.

— Que faire? disaient éloquemment leurs yeux. A quoi ce Parisien veut-il que le paysan s'amuse?

Le borgne chargea sa pipe, l'alluma à petits coups, et, sans se douter qu'il renouvelait un mot de Samson dans les *Effrontés* d'Emile Augier, il dit :

— De mon temps, nous avions l'église! Le matin,

c'était la messe, et, l'après-dîner, c'était les vêpres. Ça tuait le temps des jours de fête. A présent qu'on est mieux instruit, plus libre, depuis enfin qu'on sait pour qui l'on vote, tout se passe autour des bolées. On ne s'en amuse pas davantage et tous les jours les heures traînent !... Mais boire, jouer ou faire ce que vous savez, sauf le respect, c'est tout un et péché pour péché. M'est avis, monsieur, que tous les plaisirs sont des vices, et même qu'il n'y en a point d'autres sur la terre.

Entendre professer par un puisatier breton que les plaisirs ne sont autre chose que des vices satisfaits, c'était rencontrer Schopenhauer chez Pangloss! Mais que devins-je, lorsque mon borgne, m'apostrophant, me poussa le coup droit que voici :

— Est-ce que vous vous amusez, vous, monsieur, les dimanches et les fêtes? Est-ce qu'on les célèbre autrement que nous dans les villes et même dans le reste du monde? Je me suis laissé dire par des camarades qui sont allés à Paris que, le septième jour de la semaine, on ne sait qu'y faire de ses membres, dans la capitale, et que là non plus on n'a rien trouvé à mettre à la place de la messe pour divertir les honnêtes gens.

— Pourtant !.. risquai-je, et je m'en tins là, car il n'y avait rien à répondre. Je songeais à la mélancolie affreuse dont tout Parisien est saisi chaque dimanche, au besoin qu'il a de fuir, d'être ailleurs, de tromper l'insipide farniente traditionnel et de tourner la loi soi-disant naturelle du repos hebdomadaire. Oh! le dimanche à Paris ! Oh ! les fêtes ! Les lugubres fêtes surtout, dont la joie est imposée par le calendrier, ratifiée par des dates historiques, officialisée par le gouvernement, et toujours contrecarrée par la température!!...

Comment s'amuse-t-on, et de quoi, à Paris — hélas ! et partout ailleurs — quand on est historiquement forcé de s'amuser, sous peine d'amende ? Où est le plaisir, mesdames, où est le plaisir ? Sans les vices à satisfaire, les bons vices, les vices providentiels et bénis, qui nous éteindrait les douze torches fumeuses des heures ? Où est la vertu qui dilate comme une corruption, qui distrait comme une débauche, qui repose comme une bordée ? Les jours fériés sont (j'ai le regret de vous l'apprendre) les jours consacrés à la bête immonde qui est dans l'homme. Civilisé, inconsolable de l'état de nature oublié, tout soulagement à tes servitudes volontaires te vient et t'échoit de tes plus vils penchants. Le Bien est triste. Le Beau est grave. Le Mal seul nous rend, par secousses, l'étourdissement de l'idéal perdu. La femme, le vin, le jeu et la bataille, nous n'avons que cela pour escalader les brèches de l'abominable paradis. En abuser, c'est s'amuser. Point d'autre allégresse pratique. Point d'autre joie à la portée du nombre et de la moyenne. Cabaret, bouge, tripot ou lice, sors-les de là, ô République, et donne-leur d'autres dimanches. Mon puisatier a raison, le catholicisme l'avait fait pourtant, avec ses cloches!

— Ah! monsieur, dites-moi, vous qui êtes éduqué, pourquoi on s'ennuie tant sur la terre! Dites-moi surtout pourquoi les honnêtes gens s'y ennuient plus que les autres, et comment il se fait que moi, par exemple, pauvre homme estropié, vieux et sans enfants, je n'aie de contentement qu'à travailler? Voici près de trente-cinq ans que je creuse des puits, dans la vase, dans l'argile, dans la rocaille, au milieu des puanteurs, à des profondeurs qui font trembler. C'est un métier terrible, où l'on risque sa vie à toute heure et qui ne rapporte pas de quoi vivre — et je n'aime que ça! Je suis heureux quand je creuse. Plus je m'enfonce, plus je chante, et si vous vouliez me faire grand plaisir, demain, malgré la fête nationale, vous me permettriez de continuer ici à trouer la terre.

— Quoi! travailler le 14 juillet?

— Je ne bois plus, moi, je l'ai juré à la défunte,

par conséquent pas de cabaret. Or, le 14 étant un samedi, le lendemain est un dimanche. Il est lui-même suivi d'un lundi pendant lequel la fête se prolonge. Cela fait donc trois jours d'amusement, et j'ai peur de me crever d'ennui. Permettez-moi de travailler au puits !...

Peu de prières m'ont autant touché dans ma vie, car je suis de ceux à qui tout repos est intolérable et qui savent ce qu'on endure à ne rien faire. Je crus devoir cependant lui refuser la satisfaction qu'il demandait de ne point chômer pendant ces trois jours de fêtes. Si on vous voit travailler le 14 juillet, c'est le maire qui ne sera pas content. Le dimanche, ce sera le curé. Le lundi, vous vexerez vos camarades, de telle sorte que vous causerez ainsi un triple scandale, patriotique, religieux et social et que vous attenterez à la devise : Liberté. Égalité, Fraternité, mot d'ordre et trilogisme du système. Vous n'avez pas le droit de ne pas vous amuser au temps prescrit. La joie est de rigueur, et, même s'il pleut, vous devez vous épanouir au soleil. Allez, mon brave, et que cette pièce de quarante sous vous aide à l'orgie indécise qu'on attend de votre civisme.

Le lendemain, 14 juillet, tandis que j'arpentais ma petite grève déserte en égrenant des rimes sur les premières vagues, j'aperçus mon puisatier assis entre deux rochers, tout seul. Il était endimanché, et tournait devant l'immensité un petit drapeau tricolore en papier d'un sou. Les cloches sonnaient la messe sur tous les hameaux de la presqu'île. Il resta là, dormaillant et rêvant, la journée entière, absorbé et comme repris par la nature, qui n'a pas, elle, de dimanches et conquiert ses Bastilles de minute en minute. Et quand il rentra chez lui, le soir, il se heurta sur les routes à des ribottées de citoyens, pleins comme des outres, hors de raison et d'équilibre, qui poussaient brutalement les filles sur les talus, se disputaient, s'injuriaient, se menaçaient et chantaient des refrains boulangistes. C'étaient ceux qui s'étaient amusés, historiquement, par ordre, comme on s'amuse en ce bas monde — où l'on s'ennuie, dit le poète.

POLITIQUE ET POLITIQUETTE

JE CONCOURS!

« Le prix de cent mille francs sera décerné à
» l'œuvre la plus intéressante au point de vue de
» l'art, de l'industrie ou de l'utilité publique. »

Ainsi parle, et avec quelle éloquence! le programme du Concours Osiris, programme rédigé par le Syndicat de la Presse française et signé de son président, M. Adrien Hébrard. Donc, c'est dit: cent mille francs, et en bonnes rentes encore, telle est la récompense assurée à l'homme ingénieux et modeste qui, dans son laboratoire, réalisera l'œuvre la plus artistique ou la plus industrielle, soit seulement la plus utile au public. Quel dommage que le parapluie soit déjà inventé! Il réunit les trois mérites requis.

Mais n'importe, je concours, j'expose! A moi les lingots d'Osiris!

Me sera-t-il permis, toutefois, de récuser d'avance le jugement de mon ami Adrien Hébrard? Ce sénateur d'Adrien Hébrard s'obstine à croire que je ne suis pas sérieux. Du plus loin qu'il m'aperçoit il se prend à rire. Comme directeur du *Temps*, il en a le droit peut-être, mais il le perd comme juge du concours d'Osiris. Je lui apporterais sur une assiette le phonographe, la cure de la rage, le remède au phylloxera ou la direction des aérostats qu'il s'imaginerait encore que je blague! Ah! je ferai bien de mourir pour être compris de ce sceptique-là! Et c'est pourquoi je le récuse.

Je ne vous dissimulerai pas un seul instant, du reste, que ma pièce de concours recevra d'abord un accueil froid. Adrien Hébrard sera peut-être seul à en rire. Et cependant, elle est bien belle! Elle réalise, mieux encore que le parapluie, les trois conditions du prix Osiris. Artistique, oh! comme la tour Eiffel! Industrielle, ah! à confondre Jacquart et Elias Howe! Utile au public, jugez-en!

C'est une machine à « dépolitiquer » le peuple français.

A un bout, vous placez un anarchiste, vous tournez, et il sort, à l'autre bout, à l'état sauvage et rudimentaire, sans pouvoir se rappeler le nom même du Président de la République!...

Mais n'allons pas trop vite. J'ai dit qu'elle était

artistique. Elle l'est. Tout ce que l'on peut imaginer dans le corinthien, le dorique, le gothique, la renaissance et l'impressionnisme pour décorer un énorme tire-bouchon creux, je l'ai imaginé. L'entrée de la spirale est sévère, un peu « gueulatoire », et comme antique dans le grotesque, afin de préparer le sujet atteint de parlementarisme. Mais, à l'issue, ce ne sont que gerbes de fleurs, envolées d'oiseaux et coloris d'aurore ; de telle sorte qu'allègre et ravi il n'a plus qu'à saisir l'arc et les flèches qui l'attendent pour redevenir un homme heureux et un Français naturel. Du reste, j'ai montré ma machine à un Japonais de mes amis, très expert en choses d'ornement, et il en a pâli de jalousie : — C'est de chez Christofle ? a-t-il demandé.

Industrielle ? Si c'est être industriel que d'être d'une force de cinq mille chevaux, ma « machine à dépolitiquer le peuple français » est le comble de l'industrie. Jamais on n'aura vu autant de bretelles de cuir ronfler, s'entrecroiser, surgir, s'enfoncer et reparaître autour d'un chef-d'œuvre métallurgique. Je crois même qu'il y en a quelques-unes d'inutiles. Mais j'ai tenu surtout à paraître éminemment industriel, et je sais dans quel siècle je vis. M. Osiris sera satisfait des bretelles : il y en a pour ses cent mille francs.

Quant à ce qui est de l'utilité publique de mon invention, je défie bien Adrien Hébrard en personne de me la contester de sang-froid. Le peuple français se meurt visiblement de politique. A la dernière crise — la boulangérotomaniaque — la profondeur du mal est apparue et l'on a vu le cancer jusqu'au bleu des racines. Nous en avons pour vingt-cinq ans à être la nation la plus spirituelle de la terre. Paris n'est déjà plus qu'une maladrerie énorme, dissimulée et masquée par une façade de bal public; la lèpre y ronge le cancan.

Cette lèpre de la politique, nos petits eux-mêmes en sont atteints, soit par hérédité, soit par inoculation, et les recteurs avouent que, dans nos collèges, toutes les classes sont autant de petits forum en tumulte où l'on se flanque des Tite-Live à la tête, traduction Dureau de la Malle, douze tomes. Le latin ne sert plus qu'à colorer l'invective. Sylla veut dire Jules Ferry, et Marius se traduit par : le général.

J'ai des machines plus petites pour les enfants, dans le tire-bouchon cave desquelles je les décrasse peu à peu, et rotatoirement, de l'absurde pédagogie qui les prédispose à la lèpre. A mesure qu'ils y pénètrent, et à chaque nœud nouveau de la spirale, on les voit se décicéroniser, se désavocasser, perdre la gale des rhétoriques et la rogne des philosophies mythologiques dont ils étaient paralysés. Ils se réindividualisent à vue d'œil et, par des petits trous en verre que j'ai semés graduellement dans l'appareil, on assiste au désencroûtement. Quand ils sortent du tube serpenteux, ils sont frais, roses, allègres et souples, et n'ont plus qu'à bondir sur le vélocipède qui les attend et les emporte à travers les prairies, les cheveux au vent, l'âme rendue aux phénomènes de la vie naturelle. Ils ne voteront plus. Ils sont sauvés.

Je ne veux pas encore dévoiler le mécanisme, du reste aussi simple qu'ingénieux, de ma machine à dépolitiquer le peuple français. On m'en volerait le secret et on en ferait des hongroises, des roumaines, des italiennes, à l'usage de tous les peuples européens que la lèpre a gagnés et qui souffrent. S'ils souffrent, tant pis pour eux, mon pays avant tout ! Néanmoins, comme je me sens homme autant que patriote, je consens à leur apprendre, à cause de l'Exposition, que la bretelle numéro 124, celle qui n'a l'air de rien et qui est jaune, est calculée pour s'adapter à toutes les urnes du suffrage universel, quelles qu'elles soient. La vis A B — elle est en platine — doit s'engager en S Q dans le vase électoral, soit un peu au-dessous de la fente de tirelire dans laquelle on glisse son opinion.

Là, on la serre, et tout tourne. Quand on dépouille les votes, on trouve, à la place des noms de candidats, des maximes de sagesse empruntées aux meilleurs moralistes et des distiques charmants des poètes de l'Amour. Les papiers ne sont donc plus perdus, hélas! comme ils l'étaient!

Mais cela n'est rien. Dès que j'aurai touché les cent mille francs du prix Osiris, j'en emploierai l'argent à perfectionner mon invention. Ce n'est pas sans but, en effet, que, du côté gauche, j'ai placé cette roue ovoïde dont aucun mécanicien n'a compris l'usage, et qui vire à blanc. La roue ovoïde MTV, qu'un enfant manœuvre, peut s'ajuster en CWHIK à toutes les presses, rotatives ou autres, dont on se sert pour imprimer les journaux, petits ou grands.

Grâce à un mouvement d'accélération dont la déperdition de force est insignifiante et dont la formule scientifique est (pardon!)

$$f(D+p') = \frac{21\, p\, L}{02\, TS'}$$

j'annihile totalement la portée des articles politiques et des premiers-Paris sur la masse ignorante et gobeuse, et je les réduis à la valeur de simples bulletins sanitaires des rédacteurs mêmes.

Ils disent, par exemple, que M. John Lemoinne se porte bien, et pas autre chose. C'est ce que veut l'Europe.

Je sais que, dans la galerie des machines, mes rivaux ont fait courir de méchants bruits sur la solidité de la « Calibane », c'est le nom de mon instrument. Ils l'ont accusée d'être sujette à explosion, à cause de certain arbre de couche qui bondit assez follement, je le reconnais, et qui fait de grands Z dans l'atmosphère. Mais Newton ne s'y serait pas trompé, ni même Galilée, pas même Archimède, tant c'est simple. C'est grâce à cet arbre de couche zigzaguant que ma machine à dépolitiquer le peuple français devient pratique et mérite le prix Osiris. Ah! quel arbre de couche!... Le jour viendra, et il n'est pas loin, où, grâce à lui, mes compatriotes me béniront. Et ce jour sera celui où la « Calibane », soigneusement vissée aux Parlements, les dissoudra gentiment, et si vite qu'on n'aura pas le temps de dire ouf!... Mais ça, c'est l'avenir! Alors les députés, projetés chacun dans leur département, s'y trouveront un soc de charue à la main et vraiment utiles. Ils feront fructifier la terre de France.

Je m'arrête, car j'entends rire Adrien Hébrard. Et il est mon juge! Qu'il sache, toutefois, que si je concours au prix Osiris, c'est en chambre. J'ai vainement sollicité pour la « Calibane » un emplacement à l'Exposition, universelle comme le suffrage, on me l'a refusé. Oui, refusé ! Je crois que la Ville a eu peur et que le Conseil municipal ne voit pas d'un bon œil ma machine à dépolitiquer le peuple français.

LA RÉPUBLIQUE HONNÊTE

Par vertu de scepticisme même, j'ai l'habitude de ne rien croire sans « y aller voir ». Ma philosophie calibanesque ne se paye pas de mots, même de mots historiques, et surtout en fait de poncifs politiques, je pousse droit au monstre. C'est comme une joie d'enfant que j'ai à leur crever le ventre avec ma plume et à les vider de son, car ils n'y ont pas autre chose.

La France meurt de ses poncifs, et elle ne meurt que de cela. Elle n'a pas d'autre maladie. Sans la poncivité, elle serait encore la plus jeune, la plus progressante, la plus libéralement pratique et boute-en-train des nations du globe. Elle tiendrait tête à l'Amérique pour l'initiative. Mais les poncifs la paralysent; elle croit à la force des vieux textes, des sempiternelles sentences, des adages niais et des proverbes. Elle s'arrête et se prosterne, tremblante, devant tous les *Mane, Thecel, Pharès* de l'ânerie formulée ; en science, en art, en morale, en tout, elle adore les calebasses creuses des mots que le vent entre-choque, et qui font boum !...

Or, entre tous ces mots qui font « boum !... », il en est un dont le vacarme assourdissant est en train de nous abêtir, purement et simplement, tant il sonne et résonne aux oreilles françaises, comme un gong enragé, à rompre le tympan. Ce mot, c'est « La République honnête ! » Et son boucan est tel, depuis quelque temps, qu'il rendrait fous des Gastibelzas à travers la montagne !...

Eh bien ! c'est un poncif, n'en doutez pas, et un poncif doublé d'un boniment, encore. Je ne crains pas de dire que cette bêtise vénérable : « La République honnête ! » atteste de la collaboration terrible de Mangin et de Joseph Prudhomme, qu'elle n'a aucun sens appréciable en politique, ne renferme aucun programme quelconque de gouvernement, et que ceux qui l'inscrivent sur leurs drapeaux de partisans ne sont ni plus ni moins que des farceurs — ou des oies. Éventrons, s'il vous plaît, cette calebasse sonore.

Je suppose que, un matin, sur le boulevard, vers midi, vous vous trouviez en présence de deux politiciens éminents dont l'un (une franche canaille) nous aurait rendu sans coup férir l'Alsace et la Lorraine, et dont l'autre (un parfait honnête homme) ne nous aurait rien rendu du tout — avec lequel aimeriez-vous déjeuner ?

Il y a peut-être deux façons d'être bon Français, mais il n'y en a certainement qu'une d'être Alsaçophile, et j'avoue, en rougissant, que je heurterais volontiers ma coupe contre celle du scélérat à qui l'on devrait de pouvoir aller à Strasbourg sans passeport. Et vous ? Cela ne veut pas dire que je lui donnerais ma fille s'il me la demandait en mariage, non ! Je la donnerais de préférence à l'imbécile honnête, nous eût-il fait perdre la Champagne par son ineptie politique, oui ! Mais ce n'est pas ma faute si on peut être en ce monde diplomate absurde et mari premier ordre, et si Dieu, quelquefois, met l'esprit d'un Talleyrand dans l'âme pourrie d'un concussionnaire. Et voilà pour les relations extérieures !

Quant aux relations intérieures, voici : Si la République peut être « honnête », le budget doit être vertueux. Je me représente tout, même le bâton à un seul bout et le cercle qui est carré, mais je ne me représente pas un budget vertueux. C'est comme le fisc. Montrez-moi un fisc pur et je lui paierai des contributions délicates. Cet idéal est charentonesque.

Oui, la République a un honneur, qui est le service rendu au système de gouvernement qu'elle représente, mais cet honneur est hors de morale, c'est un honneur d'affaires. Quand tout ce peuple, affolé par le procès scandaleux d'un Verrès et terrifié par un poncif politique qui fait : boum! réclame des pasteurs intègres et des « honorables » aux mains nettes, il ne se demande pas assez si, dans les régions gouvernementales, la probité ne consiste pas exclusivement à réussir et la vertu professionnelle à assurer à n'importe quel prix la sécurité sociale des gouvernés ?

Le ciel nous préserve d'un ministre des finances qui n'aurait d'autre titre à l'emploi que d'aimer sa mère comme on n'aime plus sa mère, et d'un ambassadeur à Berlin choisi, pour tenir tête à Bismarck, parce qu'il a reporté chez le commissaire un portefeuille plein de banknotes ramassé par son petit chien! Le saint est un type de notre espèce qui n'aboutit pas nécessairement au pouvoir. Rien ne nous dit que Sully, Colbert et Turgot, encore si célèbres sur la terre, aient une stalle au paradis, à côté de Vincent de Paul, et si Dieu y a pris Richelieu, on peut croire que c'est comme cardinal de son Église et « quoique » homme politique français. L'abaissement de la maison d'Autriche est un de ces actes immortels dont on cause peu à la droite du Père Éternel. Quant à Machiavel, auteur du *Prince*, s'il y a un enfer, il y est, il y grésille. Il est pourtant un Italien de génie, l'un des prophètes de la politique moderne, art et science du bonheur des peuples!

J'ai souvent pensé que cet idéal falot de la « République honnête » avait été… comment dire… poncivé dans l'esprit populaire par l'image allégorique du système qu'elle représente…
A force de la voir figurée par la plastique d'imagination sous la forme d'une belle grosse fille en chemise, les bonnes gens ont fini par avoir peur qu'elle ne se dévêtît tout à fait sur les places publiques et qu'elle n'y levât la jambe à la hauteur des institutions. Ils se sont mis à vouloir protéger sa pudeur de marbre, à la rappeler à la décence de bronze, comme si elle était incarnée en effet, ainsi que dans les métamorphoses d'Ovide, en une vierge véritage et vivante. Ohé! Margot, tu lèves trop ton sabot! Et ils veulent une Marianne rosière! Méfions-nous des allégories. Si la République était emblématisée dans les arts par une boussole encadrée d'une équerre, personne ne songerait à lui demander d'être honnête.

Feu Daunou, qu'on peut citer, sans être obligé

de le lire, a dit de la politique qu'elle est à la fois un art, une science et un don. Je ne désire que l'en croire, mais ne vous semble-t-il pas que l'honnêteté s'applique à cet art-don-science comme un moxa, sorte de cautère, sur une guibolle de bois? Où trouvez-vous la science honnête, l'art honnête et l'honnête don? Qu'en feriez-vous si vous les trouviez? Un exercice qui consiste à poser de forts lapins, à l'extérieur, et d'utiles bureaux de tabac, à l'intérieur, a droit à l'épithète homérique de : habile, et le divin Ulysse n'en reçoit point d'autres d'Homère. Mentor, lui, est vertueux, dans *Télémaque*; mais quelle ganache! Si l'on avait donné à choisir à Fénelon lui-même, pour diriger sa République rêvée, entre ce parfait honnête homme de Mentor et le menteur des menteurs que fut Ulysse, le Cygne de Cambrai se serait caché la tête sous son aile, mais il aurait pris Ulysse, car les choses humaines se traitent, hélas! autrement que les choses divines, l'intérêt de la terre est au rebours de l'intérêt du ciel et, depuis quatre mille ans de civilisation frénétique, les peuples les mieux policés ne sont encore que des tribus de sauvages en guerre, que dis-je? des troupes de bêtes en chasse!

Ah! des « Républiques honnêtes », où y en a-t-il eu, et quand? Est-ce à Sparte? Est-ce à Athènes?... Vous voulez me faire rire! Elles se bornaient à être athénienne ou spartiate, et c'était tout le possible. Mais en fait d'histoire édifiante, celle d'Ali-Baba et de ses quarante voleurs laisse l'âme plus fraîche que la leur, et celle de Cartouche en délasse! Me proposerez-vous comme « honnête » l'épouvantable République romaine, et est-ce celle-là qui vous sert de modèle? Relisez Tite-Live, l'Henri Martin de ce temps-là, ou simplement votre petit Duruy scolaire, résumé de toutes les infamies imaginables et possibles à l'homme, à l'usage de nos jeunes dauphins! Parlerons-nous de ces chastes, scrupuleuses et droites Républiques, l'Américaine et l'Helvétique, qui voient lever l'aurore tous les jours, et sont sans crimes, sans injustice, sans favoritisme, sans dilapidations, pots-de-vin, ni achats de conscience, et vivent dans le printemps d'un prix Montyon éternel et universel? Bonnes Républiques, oui, mais honnêtes?... Ah! mon Dieu! Oùs qu'est mon revolver?

En fait de République honnête, je n'en connais qu'une, c'est celle que l'on a, quand on la garde, si on y tient! Son honnêteté, c'est d'être telle qu'elle est, et sa vertu, c'est de durer tant qu'elle dure.

L'unique malhonnêteté que puisse commettre une République, ce serait d'être une Monarchie, de même que la canaillerie d'une Monarchie serait d'être une République, et, en politique, c'est très simple, ces crimes se paient de la tête. On en meurt. Inutile de se monter d'avance et de fulminer.

Envoi. — Mon général, dedans Bruxelles, où vous moisissez, cherchez, et m'en croyez, un autre terrain électoral que le poncif de la République honnête. Nous l'avons sans vous, puisqu'elle vit en votre absence. Si elle ne vivait pas, elle serait morte, car alors nous aurions la Monarchie et vous seriez là, dans la ville où les calebasses font : boum !

LE PAS DU VOLCAN

———

Dimanche dernier, 22 septembre, au bord de la mer, à cent lieues de Paris, dans une famille française, très unie, que le rude labeur du père alimente, où les enfants sont rois, et dont la gaieté d'amis jeunes et allègres réjouit l'habitacle hospitalier, on dansait. La mer, assez houleuse ce soir-là, rythmait les valses et, en proie à leur discorde éternelle, Monsieur le Vent battait Madame la Pluie, qui pleurait. Mais, enfin, ils s'apaisèrent : elle remonta dans son nuage, il l'y suivit, et tous deux s'en allèrent, en Allemagne, je l'espère. Alors, comme le velours bleu d'un manteau impérial, Septembre ouvrit son ciel nocturne semé de mouches d'or et le déploya. Le silence tamponna de ses étoupes et de ses ouates les dernières rumeurs des vagues et des bois, et sur l'invite du chef de famille, les danseurs, les enfants, tous sortirent pour voir les étoiles.

Le maigre bonheur de l'homme n'est fait que de ces instants de calme, pacifiques, pendant lesquels la nature elle-même paraît suspendre son œuvre de destruction, et ce père savait qu'il faut les saisir, car ils sont les petites trêves exquises du combat abominable de la vie. Sous les mantelets et les capuces enfilés à la hâte, dans le désordre joyeux des revêtements improvisés contre l'humidité, on s'était groupé pour le spectacle sur le perron luisant de la villa. L'énorme jet de la Voie Lactée tremblait, vibrait et poudroyait dans l'infini. Follement, et comme lancés par des arbalètes invisibles, les météores décrivaient leurs arcs lumineux et fusaient, emportant le vœu rapide dont on les accompagne, et, dans la sérénité magnifique de cette mer calmée, où s'allumaient des phares, et de cette campagne endormie, où s'éteignaient les feux, tous les cœurs battaient à l'unisson de la béatitude.

Pourtant on avait voté toute la journée! Un fâcheux en fit la remarque : « A l'heure où nous sommes si heureux, devant ce ciel de France, le plus doux et le plus beau du monde, et tandis que nous nous sentons vivre, le sort de la République est décidé. Entre le boulangisme-rasoir et le ferrysme-crampon la nation a fait son choix, et l'on se bat peut-être, à Paris, dans les rues, pour savoir à quelle sauce gouvernementale la patrie sera mangée », dit-il.

Un tolle d'indignation étouffa la voix du philosophe morose, et, citoyens et citoyennes, tous rentrèrent danser, attendu qu'on « s'en fichait pas mal » des élections et qu'on en avait « plein le dos » de la politique ! Et même on contraignit le philosophe, pour le punir, à danser la « danse du volcan », sorte de pyrrhique allégorique inventée pour la circonstance et qui consistait à sauter au-dessus d'une chandelle autour de laquelle on menait la ronde.

Je ne suis pas le Diable Boiteux, de Lesage, et je n'ai pas le don de voir au travers des toitures ce qui se passe dans les maisons des villes ou les chaumières des campagnes ; mais je parierais bien que cette villa bretonne sur sa grève déserte n'était pas la seule demeure en France où, le 22 septembre, de bonnes gens honnêtes, sains d'esprit, laborieux et gais se battaient l'œil du suffrage universel. Car ce qu'on en a assez et jusque-là, ce n'est rien de le dire. Ah ! bonté de Dieu, quelle scie !

Que les Welches, comme dit Voltaire, aiment à

être embêtés, je l'accorde, mais à ce point et si longtemps, je le nie. Voici venir, je vous en avertis, des générations moins bêtes que la nôtre, qui sont manifestement résolues à jouir autrement qu'en rêve des avantages qu'il y a à être nés dans le jardin de France, paradis terrestre officiel du genre humain. Ils parlent de se flanquer la cuite de vie requise sous l'œil clément du Dieu qui protège cette France, lui donne l'esprit, la raison, la fortune et la grâce, plus belle encore que la beauté, avec la manière de s'en servir. Ils veulent danser, rire et joliment s'ébattre, comme il convient à des bêtes de peu de durée, et ils prétendent qu'on leur fiche la paix quand ils regardent filer les étoiles filantes.

Oui, ces jeunes Welches sont saouls du petit bleu amer de la politique, de son campêche et de sa fuchsine; ils n'en veulent plus boire, sous aucune étiquette, dans n'importe quel verre, à nulle santé. Ils ont hâte de vivre et ils sont très pressés, s'étant aperçus que la moyenne de l'existence humaine est tombée de trente-trois ans à vingt-huit, depuis que l'on perce des isthmes et que la terre se refroidit. C'est pourquoi la machine aux six cents urnes, appelée l'Universel Suffrage, avec laquelle on se flanque des parlements entiers à la tête, leur paraît mûre pour les musées historiques et digne d'y figurer à côté de la poire d'angoisse, de la roue, des coins et autres outils à torture. Ils supplient qu'on l'y relègue et qu'on trouve autre chose pour les gouverner et les paître.

Il n'est pas douteux, en effet, pour qui sait voir et prévoir, que le système de la mécanique aux six cents urnes grince terriblement sur sa rouille séculaire, et ceux qui disent qu'elle est faussée pourraient bien dire qu'elle est folle. Le dernier fonctionnement auquel on l'ait soumise, le 22 septembre, en témoigne surabondamment. Elle a hurlé six cents bêtises, plus une, qui est son hurlement même, dont l'ensemble constitue l'oracle le plus saugrenu qui soit jamais sorti du cœur d'un peuple. Selon cet oracle six cents fois dément, la France voudrait la République sans la vouloir, tout en la voulant, quoique n'y tenant guère, et elle la voudrait telle qu'elle est, c'est-à-dire autrement, mais conforme à la fois et différente. Du reste, mécontente des hommes qui la dirigeaient, elle les renvoie à peu près tous au pouvoir, sans doute pour qu'ils en sortent et que ça recommence. Si quelqu'un ne doit pas savoir ce que son pays lui veut, c'est l'honorable M. Constans, par exemple. Quant au général, je recommence à croire qu'il s'amuse tout bonnement et que son lapin est immense. Général, ton lapin est immense!

Seulement, on s'en aperçoit, et les jeunes gens qui nous suivent sur le chemin cahoteux de la vie déclarent hautement qu'ils se désintéressent. Ils aiment mieux danser que voter, et quand on vote ils organisent des rondes autour des philosophes moroses. Ils leur font sauter le « pas du volcan » après les avoir costumés en « char de l'État », tandis que les météores s'éclipsent dans les plaines bleues du firmament.

Je ne sais pas si je m'abuse, mais il me semble qu'ils ont raison et que des réponses falotes comme celle que le suffrage universel vient de faire, le 22 septembre, à la question de gouvernement, sont peu propres à les réconcilier avec le vieil instrument. Il bat la campagne, cet engin de liberté. Il donne midi à quatorze heures. Il prend six cents députés sortants et mauvais à son orifice et il les rend tels quels à son exutoire, sans même les avoir mâchés, de telle sorte qu'on ne sait plus quelle est sa bonne bouche. Le temps est venu de remiser, disent-ils, cette antique manivelle. — Dansons, disent-elles. Et sur l'air de : « Nous n'irons plus *urner !...* » Ils vivent entrelacés autour du philosophe. C'est leur droit.

Oui, c'est leur droit. D'abord, leurs pères le leur ont acquis par cent ans d'expérience stérile et douloureuse du système. Puis, ils le payent eux-mêmes par cet impôt du sang, devenu en ces jours sombres le plus sérieux des impôts. S'ils ne veulent plus aller « urner » c'est qu' « urner » ne leur sert de rien et ne leur dit pas grand'chose, le suffrage ne répondant plus que des bêtises aux questions qu'on lui pose et jouant, dans ses horoscopes, les somnambules de foire. Et puis, comment leur en vouloir de ce qu'ils ont constaté que, sous la blague de la politique et le cabotinage des partis, il y a une patrie belle et enchanteresse qui est la leur, que tout les engage à l'aimer pour elle-même, à en jouir et à profiter des dons que la nature lui a prodigués? Ils sont dans le vrai, ces nouveau-venus, peut-être, de croire qu'on peut être Français sans « urner » et sans se soucier des « urnements » réitérés, vagues et illusoires de la vieille machine édentée et rouillée dont on se sert encore pour embêter le monde.

Allez, dansez au bord de la mer, et moquez-vous des philosophes moroses. La sagesse est là, et tandis que vous vous divertissez, les étoiles filent, filent et disparaissent dans le ciel éternel de la patrie.

HISTOIRE

CALIBANESQUE DE LA BOULANGE

L'HOMME PROVIDENTIEL

Allons, bon ! encore un homme providentiel dans l'assiette au beurre !...

Pour providentiel, il l'est ! Impossible de se méprendre sur ce type de farceur éminent, destiné à sauver la France et à s'en faire cent mille livres de rentes ! Le général a le signe. Il porte l'étoile au front, à égale distance des deux oreilles. Est-ce que le peuple s'y trompe, disent-ils?

Non, disent-elles, le peuple ne s'y trompe point. Il reconnaît ce militaire. Il l'a déjà vu dans l'histoire. Or, il paraît qu'il en veut encore. Grand bien lui fasse ! Ceci n'est pas de ma partie. Je ne puis me tenir cependant de recommander à votre gaieté le rôle bizarre en cette affaire du suffrage universel. Cet instrument, vous le savez, est l'arme, l'outil, le sceptre et le joujou de la République. Patatras ! Dans les jambes, l'outil, dans l'œil, le sceptre, sur le crâne, l'arme; brisé, le joujou ! Ceux qui devaient abattre, roulent à terre. Et voilà le général !... Ran tan plan pour le général !

Donc c'est le tour du général, un homme providentiel, qui vient sauver la France, étant en disponibilité. Pourquoi notre chère patrie a-t-elle la spécialité, presque le monopole, des hommes providentiels, à qui Dieu dit :

« Va !... sauve la France ! Sauve-la, en paix et en guerre, sans qu'elle ait besoin d'être sauvée, à tour de bras ! Si tu ne sais pas de quoi la sauver, sauve-la d'elle-même, puis de toi; puis de moi, de tout, et, s'il le faut, de son propre salut, au hasard, pour la sauver. Ta fonction sur la terre est celle du terre-neuve qui ne peut pas voir un baigneur s'adonner aux délices de la natation sans s'élancer et le ramener au rivage. Non-seulement il ne se noyait pas, le baigneur, mais il s'amusait, n'importe, il pouvait se noyer, et tout est là pour le fidèle terre-neuve. Il happe le baigneur par une jambe et le tire, et le baigneur se débat, boit un coup formidable et hurle. Enfin, le voilà sur la berge. Il est sauvé. Oui, mais il est mort ! Fais cela pour la France, homme providentiel, va, sauveur ! »

Et le sauveur va! tout s'écarte pour le laisser sauver la France. Merci, mon Dieu!

Jamais, même à la Monnaie, autour des pièces de cent sous, on ne gravera assez, soit en creux, soit en bosse, cette vieille devise nationale : — Dieu protège la France! — Car il la protège tout le temps. Toutefois, sans froisser aucune conviction respectable, me serait-il permis de demander s'il n'exagère pas un peu sa divine protection?

Oui, Seigneur, entre autres bienfaits dont tu nous accables, peut-être es-tu trop libéral envers nous de ces hommes providentiels que tu mesures si chichement aux autres peuples, moins protégés. Tu n'es pas assez avare de ces individualités extraordinaires, gage de ta faveur partiale, dont la moindre renouvelle à blanc tous les exploits d'une simple Jeanne d'Arc et sauve la France quatre fois par mois, soit une fois par semaine. Les nations déshéritées n'ont guère qu'un héros par siècle; nous en avons, nous, tant que nous voulons, et au moins un par an, aux prunes, mon Dieu! On dirait qu'ils ne te coûtent rien. En voici encore un (avril 1888) qui nous tombe des nues... de ta bonté. Il va, lui aussi, s'amuser à sauver la France.

Êtes-vous de mon avis, mais je trouve qu'on sauve beaucoup la France quand elle ne court aucun danger, et pas assez dans le cas contraire. En temps de paix notamment, surtout sous les Républiques, les hommes providentiels surabondent. Il n'est pas de femme en couches qui n'en mette au monde. «Encore un petit Napoléon, ma chère», se disent nos républicaines fécondes, en se tendant leurs derniers produits Aussi, les statisticiens étrangers ne parlent-ils plus de nos quarante millions d'âmes. Ils enregistrent plus justement nos quarante millions de providentiels des deux sexes. D'où il résulte, au regard du philosophe, que, chez nous, les grands hommes sont plus nombreux que les événements qui les font naître.

Je vois arriver le moment où les êtres providentiels pulluleront tellement en France, qu'on ne saura plus à quoi les utiliser. Tel le cresson de fontaine on vendra le génie dans la rue à deux liards la botte. On sauvera la France à tout coup comme on gagne des macarons à la foire. Pour obtenir des imbéciles, on sera forcé d'avoir recours à la fécondation artificielle. Ce sera le temps où l'on déclarera une guerre pour faire travailler un capitaine qui s'embête, et où l'on déchaînera une révolution pour caser un pacificateur sans ouvrage.

Quoi qu'il en soit, en voici encore un, d'homme providentiel, et reconnaissable à l'étoile. Qu'est-ce qu'il nous veut, celui-là? Aucun phénomène ne nous avait préparés à sa venue, à moins que l'incendie de l'Opéra-Comique n'ait été l'avertissement incompris de sa mission, car toujours quelque cataclysme annonce aux mammifères le mammifère fatal et supérieur. Que désire ce militaire? Personne n'en sait rien. Pas même lui. Surtout lui, disent ses flatteurs.

Enfin, on va voir.

I

ENTRE JACQUES ET GEORGES

Le 27 Janvier.

Alors, vraiment, pour cette élection du 27 courant, à Paris, la République n'a pas de candidat sérieux à opposer au terrible général ?

Eh bien... et moi ?

Oui, moi, Caliban... Et pourquoi pas, puisqu'il ne s'agit que de remplacer M. Hude, et puisqu'on n'a trouvé qu'un distillateur pour doubler un marchand de vins ! Donc me voici et je la pose !...

Cette candidature; Porel est peut-être le seul citoyen citoyennant de ce temps de gelée blanche, fatale aux hanetons, qui osera la débiner. Encore n'est-ce que par jalousie, car il sent très bien que, lui aussi, il est opposable au général et qu'il suffirait.

Je l'avoue, Porel suffirait. Il occupe même déjà un poste où le général resterait béjaune. Vous imaginez-vous le général directeur de l'Odéon? Il y jouerait *Athalie* sur l'air de la *Marseillaise*. Tandis qu'avec Porel nous avons de la bonne musique. Qui peut le plus peut le moins, et par conséquent Porel suffirait.

Pardon, mais moi aussi. Et l'on cherche !!

Caliban aurait même sur son concurrent odéonigère l'avantage d'apporter au parlementarisme une idée. Je puis faire ce présent au suffrage universel. Porel ne le peut pas. Cette idée, si elle triomphe, suffirait peut-être à guérir le peuple français du choléra politique qui le décime. Voilà pourquoi je la pose !...

Comme toute idée vraiment bonne, la mienne est simple. Veuillez tendre l'oreille, chers électeurs.

Lorsqu'un député meurt, on l'enterre. Je ne crains pas de dire que c'est stupide. On l'enterre en effet sans phrases et tel un vague contribuable ayant contribué. Le président de la Chambre se lève, se coiffe et dit lacédémoniéusement :...

— Messieurs, notre collègue, l'honorable M. Hude, est décédé ?.....

On fait « Oh ! » à gauche, « Ah ! » à droite et l'on s'en va à ses affaires. Ce pleur est sec. Il est même beaucoup trop aride dans une république parlementaire où le député est potentat et allégorise tout un arrondissement. Caliban y voudrait une oraison funèbre, prononcée au Parlement, et qui ne durerait pas moins de deux heures, fût-on Bossuet ou Thomas,

Telle est l'idée.

Ah ! ne vous hâtez pas de la juger puérile !... Elle est grosse de conséquences. Elle peut sauver la patrie française. Ma candidature n'a d'autre but que de l'accréditer dans le corps électoral, de l'y inoculer, si vous l'aimez mieux, et c'est pour cela que je la pose !... Paris, Babylone des mastroquets, c'est ici une grande et belle réforme démocratique, et telle que ton général n'est pas fichu de t'en octroyer une pareille.

L'institution de l'Eloge (ou oraison funèbre), prononcé par le successeur sur la vie et l'œuvre du prédécesseur, c'est tout bonnement ce qui vaut à l'Académie française de vivre encore et de perdurer, malgré les lardons triséculaires. Savez-vous pourquoi ? C'est que, dans cette assemblée sempiternelle, la valeur du prédécesseur décide de sa succession, et détermine les candidatures. Si l'œuvre n'est pas sérieuse, on y regarde à deux fois pour briguer le fauteuil du mort, car il y a la satanée oraison funèbre de réception et le rude Eloge que vous savez ! Il est dur de n'avoir rien à dire, ni même à penser d'un homme illustre ! Et puis vous êtes habillé de vert, comme un ara, pour en traiter devant l'élite intellectuelle et vénustienne du pays. Alors on cane.

Tenez, nous avons des ducs !... Assurément, ils sont hors de pair dans la profession qu'ils exercent ailleurs. Mais à l'Académie, ils peuvent dormir tranquilles et tourner leurs pouces littéraires. Leurs fauteuils sont d'ores et déjà interdits aux poètes. Ils seront succédés par d'autres ducs, qui, eux du moins, sauront par où les célébrer et prendre leurs mânes. Et ainsi se maintiennent les filiations, les classifications et les hérédités.

Maintenant, transportez cet usage de l'Eloge dans les mœurs parlementaires et ouvrez sans crainte la succession de M. Hude. Vous n'avez plus à vous soucier du général. Le général est balancé. Il se balance même de lui-même, le général ! Il recule, épouvanté.

Ah ! songez-y ! Etre député, c'était charmant, mais c'était trop facile. Un décès choisi, et vlan ! on s'incrustait dans le siège du décédé. Mais la réforme de l'Éloge exige que, pour l'être, on tienne le crachoir public et parlementaire pendant deux heures d'horloge, et qu'on célèbre mérites, vertus, attraits, origines, intégrité, zèle, génie, votes et abstentions du prédécesseur, quel qu'il soit, et que l'on charme les tribunes, et que tout cela aille à l'*Officiel!* Or, il ne badine pas, l'*Officiel*. Ce qui y est imprimé est gravé sur le bronze. L'éloge est collé sur toutes les mairies des communes de France. Il est le Verbe de la Patrie, et la Patrie ne blague pas. Je vous dis que c'est à intimider le plus téméraire, fût-ce le général, qui pourtant n'a pas peur du style.

Autre chose est, croyez-le bien, de rédiger une proclamation dans le goût espagnol ou de prononcer, à la face de l'Europe, l'apologie raisonnée, avec exorde, péroraison, apostrophes et réticences d'un homme tel que l'honorable et discret M. Hude. Car quelle vie grise, ô Clémenceau ! De la première éloquence à la seconde, il y a toute la différence que la critique signale entre le talent de M. Géraudel et celui de l'aigle de Meaux. Bossuet, d'un rien, faisait une homélie. Mais c'était un évêque et le général n'est qu'un militaire. Il aimera mieux renoncer à la succession du marchand de vins d'Issy, député muet de Babylone, que d'être forcé de piquer un laïus sonore sur ce brave homme, intrépidement obscur et sans biologie.

Direz-vous à présent que mon idée est puérile, et ne voyez-vous pas, à quelques-unes de ses conséquences immédiates, les puissants résultats qu'elle promet à la République ? Il n'y aurait bientôt plus au Parlement que des capacités. La loi de l'éloge funèbre les lui imposerait, comme à l'Académie, et pour l'élection du 27 courant, nous demeurerions seuls, Porel et moi, en présence.

Mais je ne tremble pas devant Porel. Je sais qu'il est inéloquent de nature. Contraint de célébrer M. Hude, il s'en remettrait à Lamoureux et à son orchestre. C'est tout au plus s'il commanderait à Benjamin Godard une marche funèbre à l'instar de celle que Beethoven écrivit pour Napoléon à Sainte-Hélène. Et ce serait trop. Il se perdrait par le zèle. On n'échappe pas à tout par la musique. D'ailleurs, une marche n'est pas un éloge. Ce n'est qu'une douleur de plus.

Cet éloge du député d'Issy, il n'y a que moi qui sois capable de le faire et par conséquent de lui succéder. Je sais beaucoup de mots, même d'inusités, et j'ai des adjectifs plein les mains. Et puis j'ai travaillé ce Bossuet qui, de rien, tirait des chefs-d'œuvre.

« Electeurs, Pères Conscrits, Messieurs,

» La tâche incombe au lexicologue de parler pendant deux heures d'un représentant qui ne représenta jamais, n'émit aucun son oratoire, vota par secousses et fut absent par congé !

» Electeurs, ce commerçant honorable, intelligent et mort jeune, là-bas, là-bas, où les citronniers fleurissent, et dont on ne sait rien sinon qu'il fut député, ne s'en fit gloire ni mérite, et vécut ignoré même de ses commettants enthousiastes ; il fut un vrai père du Peuple, et le Suffrage universel n'en a pas produit de plus admirable, ni dans ses serres, ni dans ses jardins ! Que la mémoire de Hude soit bénie ! Il n'a attaché son nom à aucune loi ! Il ne laisse aucun amendement ! Pas un rapport n'obscurcit cette figure historique, que dis-je, légendaire. Il vota quand il put, et ne put jamais. Ce fut un sage !... »

Mais abrégeons ce spécimen et dites-vous seulement que je la pose !... J'appète au siège, digne. Comme Hude, je suis malade, et j'irais volontiers, comme lui, me refaire, pendant les sessions, sous les pins-parasols de Cannes ou les oliviers de Menton... J'aurais encore la force de représenter Paris de loin, et même à trois cents lieues si on le juge nécessaire. J'occuperais mon siège sans le remplir et je donnerais à tous l'exemple et la preuve de cette indifférence politique qui est la dominante de nos aspirations, l'enseignement de notre histoire et la conclusion de nos progrès scientifiques. Je ne siégerais que dans les cœurs de mes électeurs. J'imiterais de Hude l'abstention implacable et les congés illimités. Je jure de n'augmenter que d'un zéro le chiffre de vos représentants.

Paris, Babylone des mastroquets, saura préférer son cher Caliban à ce général qui veut tout faire, refaire, défaire et contrefaire et qui ne fera, refera, défera et contrefera rien qui n'ait été déjà contrefait, défait, refait et fait depuis quatre mille ans par des gens réputés très forts et dont l'humanité n'a pas conservé la mémoire. Et s'il ne veut pas de moi, il prendra Porel, lequel montre tous les jours à l'Odéon ce dont il est capable et qui excelle à battre la mesure dans la solitude.

II

LE COUP FLOQUET, DIT « COUP DU MAQUI. »

Le 27 janvier.

Oui, le hasard est un grand bouffon! Il extrait de la vie même ces coïncidences cocasses de faits, absurdes isolément, comparativement jubilatoires, dont la philosophie s'enivre et qui désopilent la rate du penseur. Les naturalistes ont bien raison : à quoi bon l'imagination dans une société aussi abracadabrante que la nôtre? Si les combinaisons tragiques sortent des lois, les comiques sortent des mœurs, et il y en a pour toutes les bourses, même pour les bourses plates, à ce spectacle féerique de l'animalerie humaine. Et il en est qui se suicident! C'est comme s'ils vendaient leur contremarque.

Greffez, si vous voulez, Labiche sur Aristophane, entez-y Regnard encore, et grisez-les. Ils ne trouveront rien à eux trois, fût-ce dans l'ivresse, d'aussi follement drôle que l'histoire du Général et des marchands de vins. Or, cette histoire est authentique. Elle est arrivée cette semaine. Le *Temps*, organe sévère, qui ne badine pas avec l'humour, la narre en son numéro du 14 janvier, à la colonne troisième de sa troisième page. — Et la voici, traduite :

Les marchands de vins se plaignent amèrement, en ce moment, du Laboratoire municipal. Il paraît que ce Laboratoire les embête. Il leur flanque des becs de cornues dans tous les litres, comme la cigogne de La Fontaine fourre le sien dans la gueule du loup. De telle sorte qu'il n'y a plus moyen pour eux de s'adonner à leur industrie et que les bois de campêche pourrissent sur le port de Marseille. On assure qu'un armateur ingénieux a eu l'idée d'acheter tous ces bois de couleur et d'en faire des bateaux pour la mer Rouge, afin d'en justifier, aux yeux des potaches, le qualificatif inexplicable. Peut-être, en effet, la solution était-elle là. On nous aurait envoyé des Égyptes, en bonbonnes, du vin, un peu salé peut-être, mais aussi agréable et moins malfaisant que ceux que nous buvons et que le Caveau célèbre encore.

Mais les marchands de vins ne l'entendent pas de cette oreille, et comme le Laboratoire est une création républicaine, ils s'en prennent carrément à la République elle-même des tracas municipaux qu'ils endurent, et ils vont trouver le général Mécontentement.

Je ne sais pas si le général a du bon vin dans sa cave et s'il le fait venir d'Amérique, comme tout le reste, car il ne m'a jamais invité à déjeuner, ce en quoi il a eu tort, attendu que plus on est de fous plus on rit, dit l'adage; mais ce que je sais, c'est qu'il a besoin de voix électorales pour lutter, le 27 courant, contre Jacques, le bouilleur de cru, qui tient, lui, pour le Laboratoire. Il paraît que, dans la distillerie de Jacques, les alcools sont faits avec du vrai moût de raisin. Tel est son titre à représenter Paris dans notre Assemblée nationale.

Très malin, le général comprit tout de suite, et sans lâcher sa cigarette, que, à une candidature visée par le Laboratoire, il fallait opposer une candidature de pur campêche, et, dans un laïus qu'il piqua, il promit, pour le 28 au matin, la tête des Laborateurs aux marchands de vins épanouis et alcoolisés (sans moût) par l'enthousiasme.

Or c'était un coup magnifique; il assurait presque le triomphe du général qui n'a jamais mieux mérité qu'en ce moment d'être qualifié : de division.

Avoir les marchands de vins, à Paris, c'est avoir Paris même; mais les avoir à si peu de frais, soit pour quelques têtes de chimistes, il y avait là du providentiel de derrière les nuées. Si j'avais déjeuné ce jour-là, cependant, avec le général diviseur, je lui aurais glissé dans le tuyau acoustique :

— Prenez garde! ne scellez pas le pacte sans y ajouter une clause rédhibitoire. Établissez bien nettement que vous vous réservez le droit de faire venir, comme tout le reste, votre vin personnel d'Amérique, et de ne point user des produits de vos électeurs, même pour trinquer avec eux. Il y va de votre vie. Souvenez-vous des Borgia! Craignez l'ingratitude! Elle est, vous le savez mieux que personne, la base de la politique. Dès qu'ils vous auront nommé, ils voudront tous être vos fournisseurs, et vous mourrez alors dans des crampes atroces, fuchsiné jusques aux moelles, comme la majeure partie des contribuables.

Il ne m'aurait pas cru. La gloire aveugle. Je le sais. Mais enfin, quelqu'un l'aurait averti de sa gaffe immense. Car elle est immense. Vous verrez cela le 27. La question des vins est une de celles sur lesquelles la population parisienne est le plus éveillée, depuis le phylloxera. L'empoisonnement sinistre de tout un peuple par cinq cent mille mastroquets épouvantables aurait déjà enrichi notre histoire contemporaine de quelques révolutions, massacres et exécutions populaires, si la République n'avait précisément apaisé le lion, et ses coliques, par la création du Laboratoire.

A tort ou à raison, le peuple y croit, à ce Laboratoire, à ses alambics préservateurs, à ses chimistes désintéressés, comme tous les chimistes, d'ailleurs. Aussi, dès que le bon Floquet apprit l'entente du général et des mannezingues et de quel prix ils s'achetaient leurs faveurs réciproques, le bon Floquet ne fit qu'un tour sur la pointe de son orteil gauche, et on le vit toupiller de joie en plein Conseil des ministres.

— Messieurs, dit-il, la Troisième est sauvée !

Et sans s'expliquer davantage, il courut au journal *le Temps,* — celui où il faut qu'une porte soit ouverte ou fermée, ne jurer de rien, et songer à tout, — et la note du 14 parut !...

Cette note annonçait simplement sans la moindre rhétorique, qu'à l'heure même où le général recevait les honorables marchands de vins et leur promettait l'abolition de l'infâme Laboratoire, quinze cents tonnes de vin de Bordeaux venaient d'être vérifiées à Bercy par les experts, et que pas une d'elles ne justifiait d'*un seul grain de raisin* dans sa composition hygiénique, savante et boulangiste.

QUINZE CENTS TONNES !

A côté de cette révélation formidable, une charmante poésie d'André Theuriet exhalait son arome celtique, car le propre et l'exquis du *Temps,* c'est de ne s'émouvoir de rien, de couler les choses en douceur, et de mener de front sans préférence la littérature, l'œnologie, la politique et la température. Ainsi le veut mon vieil ami Adrien Hébrard, qui pourtant est du Midi. Mais quand un méridional se calme, il dépasse un Norwégien.

Donc Theuriet chantait et la note disait :

« Ce pseudo-vin (celui des quinze cents tonnes) a été fabriqué avec beaucoup d'eau, d'abord, puis de l'alcool de basse qualité, un peu de glycérine ensuite, un colorant rouge appelé « maqui, » produit du Chili, et une quantité considérable de plâtre, — jusqu'à six grammes par litre, — et de sel marin !... »

Ah ! ce Floquet, quel polémiste ! Enfoncés les mastroquets ! Du tac au tac et du chien à la chienne. Si le Général a les débitants, le 27, la République aura les consommateurs, cela n'est pas douteux,

et voilà proprement l'apothéose du Laboratoire !
J'aime beaucoup ça, et ce coup du « maqui » me
paraît asséné avec une virtuosité incomparable.
Les mastroquets grouillent dans la confusion. Ils
se relèveront difficilement de ce : « pas un grain de
raisin en quinze cents tonnes. » Je conseille au
Général de les lâcher, s'il le peut encore. Mais le
peut-il ?

Ce n'est pas que le « maqui » soit une mauvaise
herbe, non ! Autant que mes connaissances bota-
niques me permettent d'en traiter, le « maqui »
est fébribuge. On l'appelle aussi : aristotélie,
en souvenir d'un philosophe éminent qui l'em-
ployait contre la fièvre, aux temps où l'on igno-
rait la quinine. Cet arbrisseau a son but dans la
nature, il donne une petite merise acidulée qui a
son prix quand on l'aime, et les Chiliens l'adorent.
Mais ce prix n'est pas le même que celui du grain
de raisin, du moins à l'octroi, et la différence qui
les sépare est la même, assure le bon Floquet, que
celle que l'on signale entre le boulangisme et la
République. Selon cet expert, quinze cents tonnes
de l'un ne contiennent pas un grain de l'autre, et
cela est vraiment bien peu pour l'illusion ! Encore
ne parle-t-il pas du plâtre ni de la glycérine,
dénoncés par le Laboratoire.

Je vous avoue que je n'y entends rien. Depuis

bien longtemps déjà, je ne bois que du cidre, le cidre du scepticisme, qui, lui, est pur et fait avec des pommes de l'arbre de sagesse. Mais j'aime l'esprit, de quelque part qu'il se manifeste, et le coup du « maqui » m'a prodigieusement diverti. Je voterai, si je vote, pour Floquet et son homme, à cause de ce joli coup aristotélique, et je ne serai pas le seul, à Paris, mon général, car il n'en faut pas davantage chez Voltaire.

III

L'ABSTENTION OU OPINION DES MANDARINS.

Le 27 janvier.

— Voyons, Caliban, soyez carré! me dit ce politicien barbu, éminent et sonore. Êtes-vous ou n'êtes-vous pas boulangiste?

— Hélas! monsieur, je ne le suis même pas! fis-je.

— Alors, vous êtes jacquiste?

— Point davantage, à mon grand regret! Mais ce n'est pas ma faute, n'est-ce pas?

Il daigna sourire et reprit d'une voix plus douce :

— Quoi, ni l'un ni l'autre? C'est extraordinaire!... Ah! j'entends : Vous êtes bouliste?

— Bouliste?... demandai-je en rougissant de

mon ignorance. A quoi cela se voit-il qu'on est bouliste? Je ne savais pas qu'on pût être bouliste en 1889 ! Si je le suis, croyez bien que c'est sans m'en douter ! tel que je me connais, je serais plutôt « bambouliste », si, du moins, j'étais quelque chose.

— C'est dimanche la grande élection, Caliban, celle où l'on se compte. N'étant ni bouliste, ni jacquiste, ni boulangiste, qu'êtes vous ?

— Je suis triste.

Et nous nous assîmes, car l'heure était venue de s'alcooliser l'œsophage à cent dix degrés en l'honneur du vieil appétit disparu.

Mon politicien tremblota savamment son absinthe tandis que je « salopais » la mienne, but une gorgée du fiel aromatique, s'essuya la barbe et dit :

— Est-ce qu'il y a un nouveau candidat, un candidat de la dernière heure?

— Vous le sauriez, saluai-je poliment.

— Eh bien! alors, tonna-t-il, pour qui voterez-vous donc demain?

Posée avec cette violence, la question eût troublé certainement une âme moins candide que la mienne. Mais je ne sais rien cacher de ce que je pense, et comme je pense qu'il est inutile de voter quand il n'y a à voter pour personne, j'avouai ingénument à mon politicien que je ne voterais pas, ayant d'ailleurs toute cette journée du 27 à travailler de mon métier pour nourrir, habiller et élever des enfants que je dois à l'indifférente nature.

— Plaignez-moi, fis-je, mais dans ma profession, nous n'avons pas de dimanche.

Mon politicien béait de stupéfaction et ses regards s'abaissaient sur moi avec un tel mépris que, honteux d'être si inhabile à composer une absinthe, je pris la mienne et la jetai sous la table. Mais ce n'était pas cela qu'il me reprochait peut-être, car, agitant les bras par secousses, comme s'il voulait en faire glisser les manches, il s'écria : — Oh! ne pas voter, à une élection de cette importance, quel contribuable êtes-vous? Tous les ouvriers, sachez-le bien, iront à l'urne comme un seul ouvrier, et vous en serez pour votre honteuse abstention

— Pardon, repartis-je, quelqu'un sera-t-il élu ?

— Certainement. L'un des trois compétiteurs l'emportera sur ses rivaux, soit au premier tour, soit au ballottage.

— Il y a donc impossibilité matérielle à ce que le siège de feu M. Hude reste vacant et inoccupé?

— Oui, à moins que l'un des candidats ne réunisse pas sur son nom le quart des voix des électeurs inscrits, telle est la loi.

— Par exemple?

— Par exemple, si le nombre des électeurs inscrits s'élève à six cent mille, le candidat favorisé devra atteindre au chiffre de cent cinquante mille voix au moins pour être élu, car tel est ce quart légal.

— Donc, les deux autres auront moins? Mais si M. Jacques, je suppose, obtient ce quart de cent cinquante mille votes, si le général en décroche cent vingt mille et si M. Boulé en a trente mille autres, combien restera-t-il d'électeurs, sur le total des inscrits, qui se seront, ainsi que moi, battu l'œil de l'élection?

— Mais trois cent mille, ô mon poète.

— Pourtant l'élu ne le sera (élu) que par cent cinquante mille voix seulement. Avouez que si orgueilleux qu'il puisse être, il n'aura pas de quoi se vanter d'une pareille élection dans une ville de deux millions d'âmes. Représenter Paris sur ce pied, c'est proprement représenter sa froideur, sa méfiance ou son renoncement.. C'est comme si, à la Comédie-Française, on était reçu avec deux boules sur huit, pendant que les sociétaires utilisent les six autres, plus la boule double de Claretie, à une partie (russe) de billard. A la Comédie-Française, au moins, le silence vaut encore, selon le mot du père Samson, une opinion, qui est la bonne, quand on n'a rien à dire, et là elle compte.

— Si je vous comprends bien, vous reprochez au suffrage universel de ne point attribuer valeur de vote à l'abstention? Vous voudriez que dans la balance électorale, le poids des électeurs élisant fût équilibré à celui des électeurs n'élisant point, et que l'aiguille fixât la majorité par son déplacement en faveur de l'une ou l'autre moitié du total des inscrits? Est-ce bien cela? Mais aucun des candidats ne serait nommé!

— C'est peut-être, monsieur, fis-je gravement, qu'aucun d'eux ne mérite de l'être.

— Tiens! dit-il pensif, vous n'êtes pas aussi poète que vous en avez l'air.

— Je le suis bien davantage! Sur le Parnasse, monsieur, nous estimons qu'il ne suffit pas de présenter au peuple une candidature pour que le peuple soit forcé de se prononcer sur elle. Quand il n'a pas de couteaux à repasser, le rémouleur laisse dormir sa roue; il serait en effet bien bête de la tourner à vide, et même sur des manches, ainsi que nous y invite étrangement l'appel aux urnes de demain. Boulangiste ne suis, jacquiste ne puis bouliste ne daigne, et vous voulez que je choisisse? Je choisirais, s'il faisait beau, une partie d'ânes à Robinson, car on y connaît ses montures.

Mon politicien secoua la tête et je l'entendis

grommeler prophétiquement : Les classes instruites périront par leur dédain pour les institutions démocratiques !... Oh ! que Platon avait raison de flanquer les artistes à la porte de la République !... L'avenir est aux travailleurs !... Ils votent, eux !...

Ce à quoi je lui donnai à observer qu'ils étaient bien heureux de le pouvoir, ah ! trop heureux ! A toute heure, n'importe où, à propos de bottes, ils ont le papier à la main, avec, dessus, le nom d'un grand homme nouveau. Comment font-ils, ces travailleurs, pour en trouver tant, sans cesser de travailler, et pour les trouver si bien ? Pour un Hude mort, ils en offrent trois autres à la démocratie, et ils les garantissent. Sans doute, ils les ont éprouvés et augurent de ce qu'ils peuvent faire par ce qu'ils ont fait déjà. Ils ont le dimanche, et même le lundi, les travailleurs, pour étudier l'histoire contemporaine et juger des capacités inédites. Hélas ! nous autres, les paresseux, nous n'avons ni lundi, ni dimanche, et c'est à peine si le temps nous reste de recourir au Larousse, ce Plutarque français, pour nous renseigner sur la vie, les œuvres, les doctrines de tant de candidats obscurément illustres ! D'un doigt fiévreux, avant de courir à l'urne, nous feuilletons le Plutarque, et, à l'article Boulanger, nous trouvons un renvoi : voir le prochain supplément ; à l'article Jacques, nous en trouvons un autre : voir Diderot, Jacques le Fataliste ; à l'article Boulé, nous ne trouvons rien du tout. Alors nous n'allons pas aux urnes.

Non, nous n'allons pas aux urnes, parce qu'il s'agit d'élire un homme lumineux pour représenter la Ville-Lumière, et parce que les trois qu'on nous donne à choisir ne figurent pas, à eux trois, le coin le plus noir du quartier le plus mal éclairé de la ville éteinte.

S'ensuit-il que, mauvais citoyens, nous boudions les institutions démocratiques et notamment la grande machine à coudre du suffrage universel ? Bien au contraire. Nous votons, et très éloquemment. C'est vous qui ne recueillez pas nos votes. Trois cent mille abstentions sur six cent mille consultés, voilà qui dit nettement ce qu'il y a à dire, et la démocratie serait sourde si elle ne l'entendait pas. Que votre général aille au diable, que Jacques l'y suive, et que Boulé les y rejoigne ! Paris vaut mieux que cela. Sur chacun des noms que vous l'appelez à plébisciter, il ne vous dit ni oui, ni non, il vous dit : Zut !

Le droit de dire zut est aussi le droit du contribuable, et, pour être un peu spirituel, le patriotisme ne perd rien de sa vertu. Les classes instruites, qui sont les vrais déshéritées, prient la République de leur conférer cette façon de répondre, soit zut! quand on leur pose des questions qui n'ont pas le sens commun. Il n'y aura pas besoin pour cela de chambarder le mécanisme du suffrage universel, il suffira d'en accorder la machine. Que l'abstention compte. Le papier blanc pèse autant que le papier écrit. La parole est d'argent et le silence est d'or. Le nôtre signifie que l'élection est à recommencer et que Paris attend quelqu'un.

IV

LE LENDEMAIN

Le 27 janvier.

Je ne sais pas (vous non plus du reste) ce que l'Histoire pensera de ce boulangisme, bizarre cryptogame, dont le 27 janvier 1889 date l'éclosion spontanée et qui enrichit la France, déjà si opulente de ces biens, d'un parti nouveau, d'un prétendant inattendu et d'une anxiété de surcroît. Mais je sais que l'Histoire s'entoure de témoignages, que son impartialité illustre se compose de toutes les partialités contemporaines, qu'elle consulte les mémoires et qu'elle table sur les chroniques. Ensuite elle parle, elle décide, elle conclut et tout est à recommencer, car rien ne sert à rien, ne prouve rien et ne change rien. Il n'y a qu'un chapitre de plus aux Annales de la brutalité humaine. Hélas ! Est-ce qu'en écrivant cela, je ne rabâche pas moi-même !

Mais qu'importe ! Il convient de travailler pour l'Histoire, nous devons laisser des notes. Clio était naturaliste avant Zola ; il lui faut des documents certains pour ses romans inutiles. Songez à l'intérêt que nos neveux prendront dans cent ans à tout ce qui aura trait à ce 27 janvier 1889, où la Démocratie se flanqua à elle-même, comme dans les pantomimes, une paire de gifles si formidable et si drôle.

Conscient donc de ma mission de chroniqueur contemporain de l'événement historique, et dès le lendemain de cet événement, je me suis mis en quête et, le carnet à la main, j'ai parcouru la ville et visité mon peuple. Eh bien ! Histoire, écoute : il me parut d'abord, ce peuple, saisi d'une stupeur que je crois te dépeindre en la qualifiant de béante ! Et c'était proprement celle qui vous déralingue quand une bonne charge, que vous faisiez à quelqu'un, tourne à mal, dégénère en accident grave et vous crée une responsabilité imprévue. Ah ! cette élection du général, tout le monde l'avait prédite et pourtant personne n'en revenait. « On vote donc pour élire », semblaient interroger les visages attonifiés, et d'aucuns se re-expliquaient entre eux le jeu de l'urne, mais vaguement et comme on marronne.

Un brave bourgeois, d'ailleurs rentier de son état, me dit : — « Si j'avais su qu'il eût tant de voix, je ne lui aurais pas donné la mienne ! » résumant ainsi en quelques mots la théorie de l'opposition. Explique qui pourra cette aberration de sens électoral. La majeure partie de la Bourgeoisie parisienne (voir Fronde) a voté pour le général de peur de ne pas embêter le gouvernement si elle élisait... l'autre !

Donc, le matin du 28, stupeur universelle, même des partisans du général. Ceux qui ont vu un chien devant une glace, fatigué d'aboyer à sa propre image, se coucher en rond, abruti et grognasser sourdement, ont vu Paris ce matin-là. Le suffrage universel faisait ouah ! ouah ! au boulangisme, son expression. Il en avait déjà assez peut-être !

A midi la bouderie était passée et l'on commençait à rire. Tous les déjeuners furent gais. Paris avait eu le temps de s'y reconnaître. Une fois « le coup du général » admis et l'énorme pataquès accepté, on se familiarisait avec le fait accompli. Si le succès est la seule vertu qui porte en elle-même son prix Montyon, il est aussi le seul crime qui contienne son propre acquittement. D'ailleurs, ne sommes-nous pas un peuple de joueurs ? « Il a fait sauter la banque ! » dirent les fatalistes, « il a la veine ». A deux heures notre République se préparait délicieusement au Directoire.

Dans les groupes, cercles, cafés, centres de réunions, partout où j'allai, la blague agitait les sonnettes de son chapeau chinois ; les lardons volaient avec les quolibets. Invectives facétieuses, apostrophes hilares, fusées de drôleries ! La plus courante était de se menacer narquoisement de la guillotine. « Comme tu es mon ami, je te déporterai seulement ! » Et de rire ! Je remarquai que, vers quatre heures, personne n'était plus très sûr de son vote. Les jacquistes, qui avouaient, avaient l'oreille basse. Pourquoi ? Les abstentionnistes portaient plus haut, avec des pétarades de loustics. « Moi, j'ai voté pour mon concierge !... Moi, j'ai écrit : Pranzini !... » Ces choses se disaient et désopilaient la rate, oui, ô Histoire !

Puis survinrent les nouvellistes. Ils n'ont pas changé depuis La Bruyère. Selon les uns, qui en étaient sûrs, tous les ministres étaient secrètement boulangistes, et selon les autres, qui l'avaient vu, le président Carnot, lui-même, avait donné sa voix au général ! « Il n'a pas voulu désobliger sa femme, » qui en est folle, car c'est un excellent mari ! » D'ailleurs, s'il n'est pas libre comme président, » il l'est comme citoyen, n'est-ce pas ?... » Et des discussions véhémentes s'engageaient sur ce thème prodigieux. Je les ai entendues !

J'en entendu conter aussi l'histoire abominable de ce médecin qui posait le tragique lapin électoral suivant à sa clientèle. Ce docteur était jacquiste, mais il n'avait pas confiance. Or, comme parmi ses malades il comptait des zélateurs du grand Gindre, je veux dire de Boulanger, il s'en fut d'abord les visiter. C'était la veille de l'élection.

Le médecin. — Eh bien ! comment cela va-t-il ce matin, mon cher malade ?

Le malade boulangiste. — Mieux, ce me semble ! Mais vous allez me le dire vous-même.

Le médecin, *tâtant le pouls du malade*. — Hum !

Le malade boulangiste. — Vous dites hum, docteur ? Pourquoi dites-vous hum ? Est-ce que cela s'aggrave ?

Le médecin. — J'espère que non. Néanmoins, vous ferez bien d'être prudent, de ne pas changer d'air, enfin d'éviter la moindre sortie. Je ne serais pas tranquille si vous sortiez, je l'avoue.

Le malade boulangiste. — Sapristi ! Mais et mes affaires ? Et cette élection de demain ? Et cette leçon que je veux donner au pouvoir ! Fût-ce sur un brancard, comme les Romains, j'irai voter, docteur. Il le faut.

Le médecin, *pincé*. — Bien, bien ! Allez-y, mais

le tout est d'en revenir, sur votre brancard ! (*S'adressant à la femme du malade.*) Vous êtes témoin, madame, que je ne réponds de rien.

Ce merveilleux médecin, si fin de siècle, parvint ainsi à étouffer dans l'ouate et sous les plumes de l'eider quelques voix clamantes de boulangistes. Mais c'est à la contre-partie qu'il mérite d'être décoré !

Le malade jacquiste. — Ah ! docteur, je vous attendais avec impatience. Ça ne va pas. Je tousse beaucoup !

Le docteur. — Voyons la mine?... Eh bien ! mais elle est bonne, au contraire !... Et le pouls?... Il se régularise ! Avez-vous de l'appétit ?

Le malade jacquiste. — Non, hélas !...

Le docteur. — Il faut en prendre. C'est l'air qui vous manque, On ne respire pas dans votre chambre ! (*Il écarte les rideaux de la fenêtre.*) Tenez, il fait un temps superbe ! Le soleil se couche bien. Demain, nous aurons une journée magnifique. Que diriez-vous d'une promenade en voiture ? Moi, je vous la conseille.

Le malade jacquiste. — Mais?...

Le docteur. — ... Et, au besoin, je vous l'ordonne. Votez-vous?... Oui... Eh bien ! allez voter. Cela vous distraira. Il faut commencer doucement. (*A la femme du malade.*) Madame, secouez-le de cette torpeur ! Il tousse encore, je le sais ; mais l'homœopathie a du bon quand elle est appliquée par un allopathe. Faites-le sortir demain. Et ne dépassez pas six heures ! (*S'oubliant.*) C'est l'heure où le scrutin est clos !

En tout autre temps que temps d'élection, cette effroyable histoire de médecin eût hérissé les cheveux d'un chauve ! Le 28 janvier, à cinq heures, elle précipitait Paris entier dans des convulsions de fou rire. J'ai vu s'en tordre des gens qui avaient voté pour M. Boulé et qui, par conséquent, ne devaient pas comprendre.

La nuit tombante mit fin aux facéties, et, après le dîner en famille, dans les salons, dans les théâtres, les cercles, partout enfin, je ne rencontrai plus que des boulangistes « sérieux ». La plupart l'étaient par amour pour la tranquillité et l'Exposition universelle ; note étrange ! L'heure où un peuple se met du côté du manche a des prodrômes explicites auxquels un philosophe ne se trompe pas. Les bêtises que l'on entend à cette heure-là ont un caractère de lâcheté, de crainte pour la peau et de « après nous la fin du monde » qui sonne la fatigue des consciences. De tout ce que j'ai vu et entendu pendant cette soirée du 28, j'ai emporté la conviction que si M. Jacques est habile, il lancera un apéritif sous le nom de : *La Boulangine*. Voilà l'histoire.

V

LE MINISTÈRE DU MÉCONTENTEMENT

Le 27 janvier.

On ne connaît pas M. Carnot !

Il ne subit aucune influence, sauf peut-être celle de la Constitution. Encore ne peut-on pas dire à quel moment il cause avec cette Egérie. On sait seulement qu'ils se voient dans les grands cas, par exemple les jours de chambardements de cabinets.

Ce serait donc une erreur de croire que la démission de M. Floquet ait pris notre Exécutif sans vert ; non pas qu'il s'y attendît, ça, ce n'est pas son affaire, mais parce qu'il est toujours prêt à tout et botté pour les fortuités. Aussi M. Floquet n'avait-il pas encore fini de rendre son tablier qu'un cuirassier de l'Elysée galopait déjà vers la rue Dumont-d'Urville. Ce cuirassier portait un pli. Et ce pli porté par ce cuirassier était remis à six heures trente-sept minutes (je précise) à... celui à qui il était destiné.

Sans être Chincholle, je puis vous révéler la teneur du pli. On y lisait : « Venez. Carnot. »

A sept heures vingt-quatre, une voiture dessinait un gracieux circuit dans la cour du palais présidentiel, et un homme, jeune encore, sautait légèrement du marchepied sur le perron. Quoiqu'il fut habillé en pékin, on devinait tout de suite, à sa performance militaire, que cet homme était l'espoir de la revanche, et qu'il devait l'être bien plus encore à cheval et en grand costume. Il donna un louis de pourboire à son cocher, le 14,179, qui, sans le reconnaître, hurla : Vive Boulanger !... et il entra.

M. Carnot l'attendait dans la salle illustre, où était jadis le billard — il n'y est plus ! — et dès qu'il l'aperçut, il vint à lui : — Prenez garde, fit-il, le parquet est très glissant ! On abuse de la cire, à l'Elysée !...

— J'ai mes éperons, dit le visiteur.

Et ils s'assirent. Une bourrasque de neige fouetta les vitres et assombrit la salle. Une voix fantomatique fit subitement : Coucou ! C'était la demie.

— Mon cher général, commença l'Exécutif, je

ne vous demande pas si vous avez pris votre café, mais je vous demande si vous voulez vous charger de me composer un ministère. Vous savez que ce pauvre Floquet!...

Un geste acheva sa pensée.

— Je le sais, répondit dans un ricanement celui que l'Exécutif venait de qualifier du titre de général. Et non seulement je le sais, ajouta-t-il, mais je l'avais prédit, vous me rendrez cette justice!

— Oui. Mais remarquez qu'en France il est facile de prédire la chute d'un cabinet, et qu'on le peut dès qu'il est constitué. Cette vaticination est à la portée des plus faibles intelligences. Je n'en ai pas moins le devoir de vous inviter à constituer le vôtre, et je crois, en m'y résignant, vous donner une preuve éclatante de mon obédience aux lois et aux mœurs républicaines. Vous êtes l'homme de la situation. Tout un peuple voit en vous son sauveur, et jamais popularité plus stupéfiante et plus justifiée ne s'est imposée à une démocratie parlementaire. En outre, c'est pour vous faire place que Floquet se retire. Voici donc les neuf portefeuilles, choisissez et veuillez distribuer les autres.

Et M. Carnot lui montra ces objets. Ils étaient étalés en ordre sur la table, et ils répandaient dans l'atmosphère le musc délicat des cuirs de Russie.

Le militaire subodora leurs douces émanations et, avec la rude franchise des camps, il dit :

— Mon petit Sadi, je flaire un piège !

Mais l'Exécutif avait vu son Egérie le matin, et il était ferré sur les raisonnements. Son Egérie l'avait préparé par la pose du dilemme suivant : « Ou le général est sincèrement républicain, et par » conséquent il ne peut pas refuser de travailler » pour la République. Ou bien il refusera de tra- » vailler pour elle, et par conséquent il n'est pas » républicain ! Et alors c'est un faux frère, et tu le » démasques ! » Ainsi avait parlé l'Egérie et M. Carnot l'avait admirablement comprise,

En ce moment, la trombe de neige cessa brusquement, et dans le ciel éclairci, mais nocturne, la lune parut, resplendissante. L'Exécutif la montra au guerrier :

— Voici, si vous-voulez, votre lune d'Austerlitz ! s'écria-t-il. Dites un mot, et je vous la fais tomber dans la poche ! Demain, à l'*Officiel*, vos électeurs se verront obéis, et même compris, ce qui est beaucoup plus difficile ; ils auront leur Boulanger et tout le bon pain de sa boulange idéale. Vous revisionnerez à tour de bras, et vous constituerez à perdre haleine. Moi, je suis là pour signer. Je suis le parafe de la France ! Pauvre France ! soupira M. Carnot en serrant la main au général, rendez-la heureuse!!!

Son émotion était si communicative que le rude légionnaire, qui pourtant ne compte plus ses champs de bataille, s'en sentit tout remué. Il se leva, marcha quelques pas sur le miroir d'encaustique, en s'aidant de ses éperons, et tout à coup, d'une voix brève :

— Avez-vous ici le téléphone?

— Hélas! j'ai tout à l'Élysée, sauf la paix.

Le général emboucha la trompe d'Edison, et demanda la communication avec la rue Dumont-d'Urville, où son comité réside en permanence. M. Carnot s'était retiré discrètement au fond de la pièce et, du bout du doigt, il dessinait sur le givre des vitres la forme exquise de la lune, qui lui posait. Mais, malgré lui, il entendait le dialogue téléphonique ou du moins les répliques du général, et il en reconstituait la littérature.

—Carnot offre ministère.—Je ne peux pas l'envoyer faire... ce que vous dites. Je suis trop bien élevé.—Certainement, il y en a neuf, tous en cuir de Russie.—Oui, et pour Chincholle aussi s'il en exige un.—Réfléchissez bien. D'ailleurs, vous le savez, je ne ferai que ce que vous voudrez, comme toujours! Ah! si vous croyez que c'est un lapin qu'il me pose, c'est autre chose. Mais est-il capable d'une telle malice?... — Enfin! mais nous ratons peut-être une belle occase. Il a l'air sincère!...

— Bien, je vais lui dire ce que vous dites, comme de moi. — Merci, à tout à l'heure.

M. Carnot s'était rapproché, d'ailleurs sans hâte, avec la correction impeccable qui caractérise sa manière :

— Eh bien! vous avez réfléchi? dit-il.

— Oui, mon Président, et mûrement. Je refuse.

— Oserai-je vous avouer que j'en étais sûr d'avance? Vous avez devant vous évidemment une destinée plus belle, et je ne sais quelle vague étoile vous conduit. Mais, hélas! moi, serviteur dévoué de ce qu'on appelle la République, il m'est impossible de vous offrir rien de mieux que ce que je vous offre en son nom. A moins que ma place ne vous tente! Je n'y fais pas mes frais, je vous assure.

Le général esquissa le geste de refus poli que l'on traduit par : « Je n'en ferai rien... Après vous, s'il en reste!... »

— Alors, si vous ne voulez ni de la présidence, ni du ministère, qu'est-ce que vous voulez de la République? Car, enfin, il faut s'entendre. Vous vous donnez pour républicain, et rien ne peut vous blesser davantage que de douter de votre parole sur ce point. C'est à ce titre que les électeurs enthousiastes vous poussent à la Chambre par tous les départements à la fois. Aux élections générales, vous vous présenterez crânement comme tel, n'est-ce pas, devant les comices nationaux, fort d'un programme emprunté à toutes les utopies connues ou inconnues, mais d'apparence libérale et progressiste, et c'est sur ce programme que vous comptez être plébiscité, soit par la blague de liste, soit par la farce uninominale.

Mais que répondrez-vous au logicien grinchu qui vous criera : — Pardon ! ce programme, on vous a offert de la part de la République de l'appliquer vous-même, par un manifeste Boulanger, à vos risques et périls ; on vous a donné carte blanche, et vous avez cané !... Car vous canez, général ! Et si vous canez maintenant, plus tard vous canerez encore bien davantage. Vos cohortes fidèles ne sont pas tellement bêtes qu'elles ne le comprennent pas à votre refus d'entrer en scène. La République n'est que la République et, comme la plus belle fille du monde, elle ne peut donner que ce qu'elle a, soit un ministère... ou ma place. Si elle vous nommait Empereur, elle ne serait plus la République, est-ce vrai, Ernest ?

Le général avait pâli. L'argumentation serrée de notre Exécutif l'avait, sinon convaincu, du moins démonté visiblement. Il se leva et, sans mot dire, il alla voir aux portes s'ils étaient épiés. Puis, soulevant les housses des fauteuils, il y constata l'absence de tout reporter. Le jardin était désert. Il n'y avait que lui, M. Carnot et la lune.

— Écoutez, Sadi, murmura-t-il à voix basse, personne ne nous entend, eh bien! vous avez parfaitement raison! Mon aventure est bête comme chou, et ma situation n'a pas le sens commun politique. Mais, si je prends le ministère, j'en ai pour deux mois, comme les autres, et ma force est de ne rien être encore. D'ailleurs, il y a Rochefort!... Au premier geste que je ferai, il m'avalera, et ça, c'est dur, car il est mon ami.

L'Exécutif en rit encore.

LE COUP D'ÉTAT

HISTOIRE D'UN CRIME... RATÉ

La veille, je ne m'étais pas couché tranquille. Le soleil non plus. Devant son gros œil, unique et rond, pareil à l'optique d'une lanterne magique, des nuées déchiquetées, plates, noires, affectant des formes de troupes en marche, de camps précipitamment levés, de ponts détruits à la dynamite, avaient défilé toute la soirée à grand train. Ces nuées prophétiques (on l'a su plus tard) semblaient avoir été découpées par Caran d'Ache pour un Guignol sinistre.

L'une d'elles, taillée en doigt gigantesque, entra dans l'œil morne du soleil.

Certes! il y avait de l'étrange dans l'air. Les

belles actions n'ont point de prodromes. Les mauvaises en ont. C'est ce qui les distingue. Certains états atmosphériques annoncent la dictature. Le ciel pur, c'est la République.

L'auteur sortait d'un repas littéraire. Il avait mal dîné. On avait porté trop de toasts... aux autres. Il monta dans l'omnibus, au Palais-Royal, et comme il y était seul, il se mit, selon son habitude, à penser. A la montée du Roule, le conducteur vint s'asseoir à côté de lui sur la banquette.

— Monsieur Caliban, fit-il à voix basse, ne couchez pas dans votre lit ce soir !...

Cela dit, il se leva, sauta du marchepied dans la rue et se perdit parmi les ténèbres. L'omnibus alla sans maître. Image frappante de la République. L'auteur en descendit. Il revint sur ses pas, décidé à faire son devoir.

Devant le palais de l'Élysée il s'arrêta. Aucune lumière aux fenêtres. Seul un reflet livide, dardé par un réverbère qui s'éteignait, fumeux et louche. A la porte, qui ouvre rue Saint-Honoré, une sentinelle marchait, dormant peut-être, certainement indifférente.

— Je désire parler à Sadi Carnot, dit l'auteur à la sentinelle. Mais il fut rabroué. Il ne savait pas le mot d'ordre. Qui dira ce qui serait arrivé cependant s'il l'avait su, et même s'il l'avait deviné ? Car il n'était pas facile à deviner. Mais on n'ose pas. Ce mot d'ordre, déjà historique, était : « Béni soit le jour ! »

Hélas ! à quel fil tiennent nos destinées ! Qu'un poète ait eu l'idée de prononcer devant un pioupiou ce simple lambeau de phrase : « Béni soit le jour !... » et ce poète parvient auprès du chef d'un grand État. Il lui répète ce qu'il a entendu d'un conducteur d'omnibus, le complot est découvert, le téléphone joue, et la France évite dix-huit années de tyrannie et de corruption.

Le poète reprit sa route. Il n'avait pas pu faire son devoir. Au coin d'une rue déserte il rencontra un comédien du Théâtre-Français, qu'il connaissait. Ce comédien lui apprit qu'on avait, ce soir-là même, encaissé le maximum. Et le poète s'en alla en secouant la tête. Quel peuple incorrigible et charmant ! songeait-il. Il finira par se procurer des volcans pour danser dessus !

Rentré chez lui, l'auteur saisit son Tacite et il le relut. A de certains moments, il se levait et il allait regarder à la fenêtre. Les Ternes étaient calmes. Les Ternes semblaient dormir. Quelques chiens errants ululaient à la lune. Rien n'indiquait, au ciel ni sur la terre, le crime de l'obscur scélérat qui escamotait la République. Et même, ironie shakespearienne, un rossignol de murailles s'égosillait dans les environs, comme pour attester du désintéressement éternel de la nature.

Tout à coup, derrière la porte, une voix sensiblement émue cria : Ouvrez ! Un ami parut.

— Fuyez, dit-il, on arrête tout et on fusille le reste. On va venir vous prendre pour vous enfermer à Mazas. Votre nom est sur la liste de proscription, section des enfileurs de mots. Je l'y ai lu. C'est un chambardement général. Sadi Carnot n'a dû son salut qu'à la présence d'esprit de Victorien Sardou, qui l'a fait passer pour le souffleur de la Porte-Saint-Martin. Jules Ferry, déguisé en Tonkinois, vient d'être arrêté par la natte. Il gît, garrotté, à côté de Floquet, saisi au moment où il revêtait un costume de lancier polonais. Goblet est pris. Il se sauvait par un vasistas. On file Freycinet, qu'on a vu entrer en prêtre à Saint-Eustache. Lockroy, acculé sur les toits du ministère de l'Instruction publique, se défend à coups d'in-folios, qui sont les rapports de ses prédécesseurs sur l'enseignement primaire ; mais ses munitions s'épuisent.

— Et le Parlement ? demanda le poète.

— Il n'y en a plus. Usant de leurs permis de circulation, la moitié des députés s'est déjà éparpillée par les voies ferrées. L'autre attend.

— Quoi ?

— Le plébiscite.

— Il faut, reprit l'auteur, se réunir dans les mairies et organiser la résistance.

— Vous feriez mieux de choisir une île de la Manche et d'aller y écrire *les Châtiments*, si vous pouvez.

— Oui, mais je ne peux pas, dit l'auteur. Et il sortit.

Les Ternes s'agitaient. On y placardait des affiches invitant le Peuple Français à voter pour le coup d'État, d'abord parce qu'il était fait et ensuite parce qu'il n'était plus à faire. Ces deux raisons, très fortes à Paris, ébranlaient les consciences. On commençait à dire du mal du régime précédent. Un bourgeois qui passait à côté de l'auteur le salua de l'axiome célèbre : « Les peuples n'ont que le gouvernement qu'ils méritent. » Il ressemblait à Montesquieu. Il en avait le nez d'aigle.

Dans les crémeries de l'avenue, les servantes, avec leurs boîtes au lait, étaient déjà enthousiastes. Chez les marchands de vins, des ouvriers irrésolus attendaient de quelqu'un le signal de quelque chose. On avait commencé à dépaver la voie pour établir une barricade, mais la besogne était abandonnée. L'auteur entendit ceci dans une fruiterie : « A quoi bon, puisque ça recommence tous les dix-huit ans ? La race latine est f(lamb)ue ! » Et le philosophe qui disait cela avait une jambe de bois et il était borgne. Il portait du brie dans un papier.

Le désespoir de celui qui écrit ces lignes tournait à l'accablement. Il cherchait dans tous les regards une lueur d'énergie, prêt à se dévouer lui-même, s'il était nécessaire, pour sauver encore une fois le régime qui, selon une belle parole d'un ex-membre de l'Académie française, nous divise le moins. Hélas ! tous les yeux étaient boulangistes. On y lisait le respect terrifié du fait accompli et le vieux goût national pour l'homme à poigne. Qu'avait-il fait pour les subjuguer, cet usurpateur ? Rien. Et il le disait dans son placard, il l'avouait impudemment. « Vous ne me connaissez pas encore. Je suis pour vous deux fois nouveau. Aucun passé n'escompte mon avenir. Mais moins on a fait, plus on a à faire. Le boulangisme c'est la paix. Mais c'est aussi la guerre. Ce sera tout ce que vous voudrez. Rentrez dans vos comices et parlez ! » Et les malheureux se laissaient prendre à cette rhétorique illusoire. Le troisième empire était fait.

L'auteur rentra chez lui pour prendre un parapluie, car le ciel était menaçant. La nature a ses façons de déverser son mépris sur les choses infâmes. Un émissaire du tyran l'attendait dans l'antichambre.

— Monsieur Caliban?

— C'est moi. Inutile de me ligotter; je vous suis

Mais quel ne fut pas l'étonnement du poète quand l'émissaire lui remit silencieusement un pli. Le crime n'inventera rien de plus monstrueux dans l'audace que ce pli. Le tyran offrait au poète la direction de l'Odéon avec le droit de tripatouillage!!

Le poète, très pâle, répondit à l'émissaire, très rouge : — Allez dire à votre maître qu'on ne m'a pas pour si peu de chose, et que le premier apprentissage d'un despote est celui du véritable prix des consciences!...

L'auteur resta caché dans Paris jusqu'au plébiscite. Il ne changea rien d'ailleurs à ses allures ordinaires, sauf qu'au lieu de porter toute sa barbe il ne garda que ses moustaches, ce qui fit croire aux sbires qu'il avait rajeuni. Il continua à étudier l'histoire de France sans la comprendre davantage, car elle ressemble aux annales d'un pays de fous, et elle abonde en cocasstités qui seraient exagérées pour un roman-feuilleton. Il croyait cependant que le peuple avait fini par savoir qui était ce M. Boulanger, qui n'est pas même dans le Larousse! En cela il se trompait encore.

Le plébiscite eut lieu et nous donna un tyran par neuf millions de voix. Seulement, tous les bulletins portaient le nom de Paulus. Le peuple avait cru naïvement que le général était son pseudonyme militaire. Il le croit encore.

L'ENNUI

Je ne sais pas si le doux avenir nous réserve une Ecole de romanciers boulangistes et si, sous le pseudonyme transparent de Charcutier, le général sera un jour zolifié dans une série de Rougon-Macquart par quelque bon élève du maître de Médan. Mais si cette gloire, après tant d'autres, lui est encore promise, il est temps de colliger les documents et je veux dès aujourd'hui y employer ma chronique.

Ayant eu l'honneur et la joie d'être contemporain de ce prodigieux coq-à-l'âne politique auquel l'Histoire de mon pays conservera le nom de « la Boulange », j'ai droit à laisser des notes sur l'aventure et à parer d'avance aux écarts d'imagination auxquels le plus naturaliste s'abandonne, dès qu'il compose.

Qui que tu sois et doives être, ô romancier « d'une famille française sous la troisième République », ne dis jamais et garde-toi d'écrire qu'on s'amusait pendant le mouvement, car jamais la France ne s'embêta davantage. Et ce fut proprement quelque chose de morne à pleurer que la vie menée par les honnêtes gens au temps où Charcutier vaticina dans Bruxelles.

Car ce fut alors (oh! cueille cette notule!) que cet homme, plus raseur que les plus raseurs des hommes politiques, poussa jusqu'au génie l'emmoutardement de son peuple. Personne encore n'avait élevé si haut l'art de mécaniser une génération. Nul n'avait atteint à la puissance surnaturelle dont il fit preuve dans l'abrutissement des masses électorales. Lorsque la Providence, aidée du Suffrage universel, suscite un pareil gêneur à une nation, il ne reste plus à cette nation qu'à émigrer et même à déserter la planète. Elle est inhabitable.

Non, oh! non, cette période de la vie du général (première quinzaine d'avril 1889) ne fut pas gaie. Ne te laisse pas fourrer dedans par ceux qui t'en parleront sans y avoir été; sois vérace, romancier boulangiste, n'idéalise pas! Jamais Charcutier ne nous assomma davantage que de loin.

Pendant qu'il faisait la pluie, à Bruxelles, à Paris il ruisselait encore. Chaque matin un manifeste. Le général giboulait ! A midi, les lettres confidentielles, ainsi appelées parce qu'elles visent à la plus grande publicité. Le général grêlait ! Le soir, les discours du trône. Le général hallebardait ! Et dans les intervalles des averses belges, l'impitoyable interview, par télégraphe et téléphone, criblait la ville. Impossible de sortir, de travailler, de vivre. Une tristesse affreuse allongeait les visages. Quand cette éloquence allait-elle tarir ? Paris n'était plus qu'un lac (pas de Lamartine, je t'en réponds !) où tout pataugeait, esprit, bon sens, gaîté et politesse. Il semblait que quarante jours et quarante nuits de déluge sortissent de la bouche inépuisable du réformateur. Le caoutchouc montait en Bourse. Old England n'avait plus d'imperméables. Quant aux parapluies, armes défensives, ils étaient tous crevés par la dialectique de Laguerre et retournés par les rafales lyriques de Déroulède. Voilà la vérité vraie, ô romancier, la note vécue, le document ! J'y étais. J'en bâille encore. N'idéalise pas !

*
* *

A présent, veux-tu un tableau de quartier ? En

voici un : « Rougon sortit de sa boutique et, d'un
» regard anxieux, il consulta le ciel, du côté où il
» court sur la ligne du Nord. Il était tout chargé de
» grosses revisions couleur d'encre qui chassaient
» de lourdes Constitutions couleur de suie, mena-
» çantes, lugubres, prêtes à crever sur la Ville-
» Lumière. Elles venaient du monde où l'on
» s'ennuie, là-bas, là-bas, et elles s'accrochaient
» à la tour Eiffel, hâlant là-dessus, comme pour
» la déraciner. Tout à coup le Champ de Mars s'en
» trouva quasi écrasé et l'Exposition universelle y
» sombra tout entière.

» Rougon secoua la tête et dit : — Il va encore
» boulanger toute la journée! Quel temps que
» celui-ci! On ne fera pas un sou d'affaires. Ce
» n'est pas la peine d'ouvrir boutique!

» Il rentra, se remit au lit et y fit un cinq cents
» de bésigue avec sa femme pour se distraire. »

Romancier, beau romancier, tu n'as qu'à copier cette croquade, en l'enjolivant de quelques déliquescences, pour dépeindre exactement le commerce parisien pendant la fameuse fuite à Bruxelles. J'ai encore d'autres notes d'après nature à ton service. Tu pourras en tirer de bons paysages.

Lundi 9 avril. — L'agacement se tord en crispations. Le général sévit toujours. On ne se parle plus sans s'invectiver. Les plus doux grincent.

Dans la rue, de petits déménagements de pauvres gens. Ils se flanquent les meubles à la tête, sans doute pour se détendre les nerfs. Le manifeste quotidien vient d'arriver de Bruxelles. Les mastroquets ont déjà boutiques pleines. Le peuple, au tourniquet, s'exerce au jeu des urnes. On ne fait plus que ça, d'ailleurs.

Je m'habille. De noir, bien entendu. Ma bonne me remet mes lettres. Une invitation à un bal déguisé. « Le costume de croquemort est de rigueur! » Une autre lettre, de décès, celle-là « On dansera », dit-elle. Je prends mes journaux, et je les commence, comme tout le monde aujourd'hui, par la quatrième page. C'est la moins navrante. Je cours aux courriers de théâtre. Ils parlent de la rentrée de Maubant à la Comédie-Française... Que lire alors?

Sortons. On crie le manifeste du jour, et les interviews, et les lettres confidentielles! Les orgues de Barbarie pleurent en mineur. On vient de décrocher quatre pendus de quatre réverbères. Tous les approuvent. Beaucoup les envient. Chez les fleuristes, aux étalages, les pots de primevères et d'azalées sont encolletés de papiers noirs semés de larmes d'argent. Les cannes des passants, vêtues de crêpes. La folie est visible dans les regards égarés, désolés, implorant grâce. Tout le monde se plaint de la névralgie et des cent mille petits coups de marteau sur la tête.

Je viens d'entendre le dialogue suivant, au marché, dans la travée de la poissonnerie :

Une ménagère : — Combien « revisionnez »-vous cette sole à frire?

La harangère. — Je la « revisionne » trois francs, parce que c'est vous et que vous êtes fraîche.

La ménagère. — C'est trop cher. « Constitutionnez » la moi à deux francs cinquante.

La harengère. — Eh! va donc! « parlementaire » !

Où aller? Au cimetière peut-être! J'y vais. De belles jeunes filles jouent aux grâces dans une allée entre les tombes des heureux disparus. Je m'approche. Hélas! comme dans le conte de Villiers de l'Isle-Adam, c'est avec des couronnes de perles noires et des tibias qu'elles s'amusent!

Il boulange, il boulange toujours!...

Mardi 9 avril. — Un discours du trône! Encore plus embêtant que de coutume. Du Napoléon Trois revu par Grévy. C'est mortel, décourageant, sinistre. Les chiens en hurlent. Le peuple s'exerce toujours au jeu des urnes, chez les chands de vins, au tourniquet. Les gens riches partent pour leurs châteaux. On croit qu'il va tomber de la cendre.

Dans quelques quartiers on allume des feux d'artifices pour sortir du marasme immense. Un calembour se paie soixante francs.

* *
*

Les boulangers doivent se présenter aujourd'hui, à l'Assemblée nationale, pour demander à changer de nom. Les gindres aussi. On les prend pour des fonctionnaires.

Un rassemblement sous ma fenêtre. On se bat. C'est une dépêche de Bruxelles. Il paraît qu'il a vu Victor! A-t-il vu Victor ou ne l'a-t-il pas vu? Tout est là, et il n'y a que cela d'intéressant au monde. La rixe continue. Les brancards arrivent. J'allume une cigarette.

Et je rêve. Voilà donc à quel hébétement la Politique a réduit le peuple le plus intelligent, le plus artiste et le plus philosophique de la terre. Contemple ton œuvre, Suffrage universel, et jouis! Quelle désolation!... Certes! si une nation devait se désintéresser de la Politique c'était celle à qui la Politique avait valu la trahison effroyable de Bazaine, le démembrement et la Commune! Car quelles preuves, grand Dieu, de son incapacité à se conduire et à raisonner ses intérêts! Qu'elle désirât la République, sans doute; et elle était payée pour ça. Mais la

République au moyen du grossier, aveugle Suffrage universellement obtus, inéduquable et bête comme la force herculéenne, cette République de loups entre eux ne devait produire que la Boulange, soit pas de pain et du plumet! Nous y sommes et nous nous crevons d'ennui. Et quand je pense qu'il y a des professeurs de patriotisme pour traiter de mauvais citoyens ceux qui, comme moi, ne votent pas, ne voteront jamais et tiennent la politique du Suffrage universel pour le coq-à-l'âne monstrueux et stupide des oisifs de la classe riche et des faiseurs de lundi de la classe ouvrière! La République nous devait un Paris gai et heureux. Elle nous devait même une Athènes.

Oh! comme il boulange!

Et lui, le général, comme il nous embête!

Pour moi, je ne l'ai jamais vu, et j'espère bien ne le jamais voir. Mon Schopenhauer me suffit. Mais je me le représente! Tantôt il m'apparaît comme un Napoléon de la scie, échappé d'une Sainte-Hélène de la bêtise et déchaînant une Grande Armée de vieux lapins sans poils sur l'ancien monde. Tantôt je me le figure plus terrible encore, et, par exemple, sous l'aspect d'un énorme Bouddha léthifère, empêchant de ses sept bras le système planétaire de danser en rond autour du soleil, tandis que, de sa bouche, s'échappe par nappes et cascades le brouillard fuligineux des spleens.

Peut-être est-ce dans ce brouillard que le prince Napoléon a failli périr l'autre jour, sur mer, en vue des côtes. Sans doute sa corvette était boulangiste. La tristesse des temps actuels régnait à bord. Le capitaine songeait au suicide. Le pilote s'étourdissait à la barre. Les mâts s'étiraient dans le vent. Les voiles s'étaient décrochées comme des mâchoires. Alors, pour se distraire, les navires se sont colletés dans les ténèbres, histoire de sortir du marasme universel. Il faut avouer que le Prince ne l'a pas volé si c'est lui, comme on l'assure, qui a doté son temps de l'idole morne aux pieds de laquelle la patrie s'ouvre le ventre.

FIN DE L'HISTOIRE CALIBANESQUE DE LA BOULANGE.

TABLE DES MATIÈRES

Préface V
Caliban a l'exposition 1
   L'ouvrier de Paris 3
   Le diorama anthropologique. 10
   La victime de la tour Eiffel 18
La justice humaine. 27
   L'horreur de comparoir 29
   L'épouvante d'être acquitté 36
   La faillite. 44
   L'amour en cour d'assises 52
   La peine de mort chez les sauvages 67
   La peine de mort chez les civilisés 75
   ... Et même à Berlin. 83
Pour nos petits 91
   La bonne ligue 93
   La réforme de l'orthographe. 102
   Le prix Raphaël Bischoffsheim. 107
Caliban dans sa stalle. 115
   Les Rohan-Cabots. 117
   La démission d'un sociétaire. 124
   La malle de Cambacérès. 132
   Mon projet 140
   La décoration des comédiens 149
   L'âge au théâtre. 157
   Le théâtre et la vérité. 165

LA DANSE DES MUSES	173
Que d'art ! que d'art !	175
La langue française	183
Une séance de dictionnaire à l'Académie française	189
ÉTUDES DE LOGIQUE	197
Le jeu	199
Tristesse du dimanche	207
POLITIQUE ET POLITIQUETTE	215
Je concours	217
La République honnête	225
Le pas du volcan	233
HISTOIRE CALIBANESQUE DE LA BOULANGE	241
L'homme providentiel	243
I. — Entre Jacques et Georges	248
II. — Le coup Floquet, dit « coup du Maqui »	256
III. — L'abstention ou opinion des mandarins	264
IV. — Le lendemain	272
V. — Le ministère du mécontentement	279
Le coup d'État (histoire d'un crime... raté)	287
L'ennui	295

ÉMILE COLIN. — Imprimerie de Lagny.

www.ingramcontent.com/pod-product-compliance
Lightning Source LLC
Chambersburg PA
CBHW071239160426
43196CB00009B/1121